全程运作

酒店餐饮高质量发展运营工具书

孙正林 著

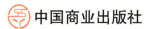

中国商业出版社

图书在版编目（CIP）数据

全程运作：酒店餐饮高质量发展运营工具书 / 孙正林著. -- 北京：中国商业出版社，2024. 7. -- ISBN 978-7-5208-3049-2

Ⅰ．F719.3

中国国家版本馆CIP数据核字第2024RH0449号

责任编辑：袁娜

中国商业出版社出版发行

（www.zgsycb.com 100053 北京广安门内报国寺1号 ）

总编室：010-63180647 编辑室：010-83128926

发行部：010-83120835/8286

新华书店经销

河北京平诚乾印刷有限公司印刷

*

787 毫米×1092 毫米 16 开 17 印张 262千字

2024 年 7 月 第 1 版 2024 年 7月第 1 次印刷

定价：199.00 元

* * * *

（如有印装质量问题可更换）

致 谢

（排名不分先后）

顾 问

沈诚博　屈 浩　邢 颖　颜 复

联合发起人

王学先	张亚峰	董克平	段 誉	钱以彬	兰明路	赵国英	梁 硕
徐顺军	李 斌	姜 斌	邓火平	李 浩	许 鹏	荆 伟	孙立培
周亚龙	钱灿荣	王立全	马建春	耿梅琴	朱学军	高速建	卢忠平
赵晓林	赵方倩	张开拖	黄 凯	孙美鑫	刘 徽	青 青	张永健
焦泽宇	周珑凯	王兆祥	韩 俊	王安富	王 新	赵继伟	张小伟
郑凯玲	汪 勇	汪 祥	汪 鑫	丁元森	周 涛	杨 凯	胡金贵
吴 超	任 威	谢春雨	贾进宏	程孝伟	赵学刚	楚森杰	赵全局
张卫星	那 莹	薛明明	孙文祥	吴 海	高 瑞	牛泽明	张洪光
陈朋磊	李晓飞	王隆宝	韩 聪	李 超	李树龙	高 晨	王广兵
穆国永	皮玉明	张 勇	王正伟	李建濮	井子阳	李国正	李 剑
王学锋	丁家佳	周 阳	刘振民	曲晓东	粟 吕	葛 钢	李龙飞
刘占国	靳 彪	陈 峰	孟德平	嵇新宏	梅昌军	李 红	谌厚望
张 洋	李 军	李德山	郭春明	王东雷	李卫红	吕广宝	张海明
张 丽	张 娜	王宗伟	刘珍英	叶占鳌	刘金亿	李树春	王佳俊
韩占洋	杨学东	颜 雷	田 雨	姜李斌	李小净	史涛谋	齐亚南
吴学占	唐 亮	李东辉	刘红光	付 丹	鲍庆标	张豪学	赵永辉
徐 涵	刘 震	乔伟杰	李自宏	卢琼连	严 坤	郭清会	赵歆宜
唐道福	王东港	董庆振	王彩萍	李佳豪	孙 文	杨 骅	季小宇
唐习鹏	赵国林	吴 进	朱守兵	陈 鹏	张继方	成 坤	孙 一

请不要假装很努力，因为结果不会陪你演戏！
执行为王，不找借口，全力以赴，使命必达！
用行动证明实力，用结果和业绩捍卫尊严！

——孙正林

高质量发展时期餐饮新趋势

作为拥有深厚历史与文化传统的行业、第三产业的重要支柱——餐饮业一直扮演着关键角色，对促进消费和经济增长起到了巨大的推动作用。

在"十四五"规划中，国家对餐饮业也设定了清晰的发展目标和要求，包括提升餐饮业的质量和整体水平，促进其与其他产业的深度融合，并重视专业人才的培养等。这些目标和要求的提出，无疑为餐饮业的发展注入了强大的动力。

然而，餐饮业已经不再仅仅是传统的餐厅和饭店，还涵盖了更多的品类和品牌，如快餐、咖啡、茶馆等。这种多元化的市场需求为餐饮业的发展带来了更多的机会和挑战。从品牌占领用户心智，到消费者决定品牌的决策权变化带来的重新洗牌；从货架驱动转向兴趣驱动交易；从中心化媒体到去中心化场域；从品效分离到品效合一，互联网、数字化冲击下的营销底层逻辑发生了根本性变化。智能化和数字化将成为餐饮业的重要发展方向，区块链、AI 等技术的应用将越来越广泛。

在这种新趋势下，传统餐饮巨头正在迅速变革，同时更多全新的餐饮品牌涌现出来，其中一些品牌在抖音、小红书、快手、腾讯等平台上崭露头角，而另一些品牌则在产业领域深耕细作已久。

面对变局，我们究竟要研究什么？是全新的流量获取方式，还是新晋崛起的品牌打法？实际上，答案"是"也"不是"。"是"，是因为在当今激烈的市场竞争中，全新的流量获取方式和成功的品牌打法确实是脱颖而出的有效途径，甚至对于新品牌的构建也具有重要意义；"不是"，则是因为餐饮立足的根本、核心竞争力始终是产品和服务，这就好比"打铁还需自身硬"，做不好产品和服务，谈流量、谈品牌都是奢望。

所以，不是单纯的模仿、跟风，不是某一模块的强化，而是要系统性地去重新构建我们的餐饮运营系统：立足产品、环境、服务，品牌化发展；运用新营销，运营推广、品牌升级。

也正是如此，我结合自身 20 多年的行业经验和这些年的深入思考及市场感悟，归纳总结了餐饮企业五大运营系统：一是产品出品。打造出集实用性、创新性、美学性于一体的产品。二是环境营造。打造一个既能满足功能需求，又能给予人美的享受的审美时空。三是服务超越。提升服务意识，完善服务流程，打造高效、规范的服务系统。四是运营推广。将数字化思维融入运营推广，强化用户连接，与用户建立强黏性。五是品牌升维。制定具有战略意义的品牌策略，构建全方位、立体的品牌体系。

"餐饮企业五大运营系统"是本书的核心框架和主要内容。其内在逻辑是基于产品和服务，向着品牌化方向发展；运用创新的营销策略，加强运营和品牌升级。我的初衷是，希望能够为大家提供一个全面、系统的方向和方法，从而帮助大家全方位地运营餐厅和品牌，打造出具有时代性和竞争力的产品和品牌。

传承、创新、使命，厨海无涯

当你第一次穿上厨师服是什么感受？兴奋、自豪、责任、荣誉……是的，我第一次穿上厨师服这些感觉都有。那一刻，你是不是也希望通过这一身衣服树立自己的大厨形象，与医生、教授、艺术家们一样获得支持和尊崇？

那么，今天你再穿上厨师服是什么感受？也许有不少人最初的热情、激情已经退却，厨师服只是工作服而已。但是我依旧为此自豪。这么多年的摸爬滚打，让我意识到厨师服不仅是工作，更是凝聚着烹饪精神和行业责任，穿上厨师服既是仪式感和责任感，更是消费者对餐厅信任的一道风景线。在自己的厨海生涯中，我也深切地感受到，一盘菜浓缩着厨者的人生。每一道菜的制作都需要多道工序，这个过程就是人生经历，最后菜好了，你也经历了酸甜苦辣。

那么，菜好了，就结束了吗？并非如此，这反而仅仅是个开始。因为接下来，你需要追求更高的标准、更精细的技艺、更诱人的美感、更独特的创意及更大的责任，以此丰富自己的厨师人生。我的师爷、师父、老师，他们无一不是如此。

我的师爷王义均，是一代公认的鲁菜大师，他巧妙地将传统与创新相结合，不仅继承了鲁菜的传统技艺，更在此基础上发扬光大。他的厨艺技法娴熟精湛，尤其是他那独特的刀工技艺，堪称一绝，让无数同行为之叹服。在烹饪的过程中，师爷始终保持着对传统菜肴的尊重，同时又不忘博采众长，吸取各种烹饪技巧的精髓。这种独特的烹饪风格，使得师爷的菜肴既保留了鲁菜的传统风味，又充满了创新的元素，真正做到了承上启下，为鲁菜的发展作出了卓越的贡献。

　　我的师父屈浩，作为中华（鲁菜）非物质文化遗产的继承者以及中国餐饮界的十大领军人物之一，他的成功背后蕴藏着对烹饪的深沉热爱与坚定不移的执着。在长达 40 多年的厨师生涯中，他从未停止过对烹饪艺术的探索与学习。师父常常分享他的烹饪哲学，认为做厨师要经历三个境界。少年时期，他苦练技艺，青年时期便屡获大奖，这是"见自己"的境界；步入中年，他游遍全球，深入学习各地的美食文化，融会贯通中西烹饪智慧，这是"见天地"的境界；而如今，他致力于传授技艺，从教授技艺到大匠传承，以美食为媒介，传递着对烹饪的热爱与智慧，这是"见众生"的境界。也正是这份"见众生"的境界，让他在北京创办了北京屈浩烹饪学校，把前辈传下来的文化遗产，毫无保留地传授给更多的人。

与师爷、师父合影（中为师爷王义均、右为师父屈浩）

　　我的义父徐顺军先生，钓鱼台国宾馆行政副总厨师长，外交部出国厨师考评委，中国国宴大师，全国御膳国宴评审专家，出身于名厨世家，其父亲和岳父在钓鱼台国宾馆服务了一辈子，义父子承父业从小在这样的环境中耳濡目染，其在美食方面的见识、造诣已然高于一般的厨者。然而他并未因此止步，在 2001 年至 2018 年外出服务时，每一次都亲自前往当地市场了解当地食材，与当地厨师交流技法，融合当地特色食材技法创新菜肴。他不满足于将菜品做得美味可口，而是倾注所有的热情和热爱，致力于成为完美菜品的创造者，成为掌握舌尖艺术的大师。

在师爷、师父、义父的身上，不仅有着传统意义上的学无止境、精益求精、一生只做好一件事的工匠精神内涵，更是有着站在民族、时代乃至整个人类文明视野上，对中华饮食文化的深刻认知、探索和创新。

与义父徐顺军先生合影

今天，我深感荣幸，能够承载着老一辈的技艺与精神，与学生们并肩站立，共同肩负起传承的重任。这份传承不仅仅是厨师的梦想、创新与融合，更承载着我们推动中华美食走向世界的神圣使命。我与学生们，也将秉承着传承与弘扬的初心，如匠人般精心打磨，让食物的味道不仅仅是味蕾的享受，更是心灵的滋养、文化的自豪。

其实，不管你是厨者还是管理者，今天餐饮产品的竞争不仅仅是味道的竞争，更是品质、格调、场景、文化等全方位的竞争，对于菜品的研制、设计、创新，我们更是需要匠人精神、创新心态及文化使命。

师徒（部分）三代人合影

匠人精神

热爱，唯有热爱才能做出灵魂产品。你不是用手艺、技艺去做产品，而是用自己的经历、感悟、故事在做一道道美食。

追求最高的技艺境界和味道境界，需从最基本的工作开始，如水杂、打荷等每一个环节都要做到极致，精益求精。产品的生产就是一个学艺的过程，艰苦而漫长，需要一步一个脚印，持之以恒，坚持不懈。

创新源于灵感

创新其实就是融会贯通、取长补短，集新思路、新观念、新原料、新技法于一体形成新成品、新特色。创新不是"嫁接"，看到别的餐厅什么菜卖得火，便改改菜名或略加改头换面就成了创新菜。创新菜一定是源于你自身的灵感创意出来的。想要捕获灵感，你需要具备以下三种心态。

一是归零心态。每到一家店、一个地方都要从零开始，忘记自己曾经的地位和成就甚至管理模式，让自己成为一个"空杯"，从而足够装下更多的东西。

二是学习心态。市场千变万化，众口难调，不能安于现状、固守原来的技艺，要不停地学习，向其他同事学习，向同行学习，向消费者学习，只有这样才能跟上时代的步伐。

三是包容心态。可以竞技但不自负，可以羡慕但不嫉妒，海纳百川，学人之长，不断充实自己。

文化使命

餐饮业产品就是饮食文化的载体，一道成功的菜品，除了受欢迎，更是会成为一份记忆、一种情感、一种价值，成就别样的风味人生。中国乃至世界饮食文化的丰富和发展，也是所有餐饮人共同努力，互相交流、研讨、学习的结果。你不仅是在做产品，更是在做可被人记忆、传承的饮食文化。

目 录
CONTENTS

第二篇　环境营造

第三篇　服务超越

第四篇　运营推广

第五篇　品牌升维

序　章

“危机”来临时
也是财富重新分配时

> 黄金时代，不在我们背后，乃在我们面
> 前；不在过去，乃在将来。
>
> ——李大钊

以"人"为核心的商业时代

从团购兴起到外卖出现用了几年？从微信火爆到抖音兴起又用了几年？

移动互联网、5G、抖音、快手等新媒体的发展都将餐饮的发展推向了一个全新的高度，对于很多餐饮人来说，旧事物还未消化，新事物又出现了。时代的潮流一浪接着一浪，可是为什么很多人紧赶慢赶都赶不上呢？

如今，随便翻开一本关于餐饮业的书都能找到几个词：定位、聚焦、用户思维、跨界……

围绕"以用户为核心"，更多的理论、更新的知识不断涌现，一些新的商业概念、商业模式被批量"兜售"。可是，喧嚣与躁动之后，为什么很多人回头时，除了一地鸡毛，很多时髦的概念并没有结出实质性的果实呢？

当我们不懂得去探求本质时，往往只会执迷于表象。

这是一个技术进步、观念碰撞的时代，我们常常活在潮流或他人带来的惯性和"幻觉"之中，然后做着别人已经做了或正在做的事情，结果往往似是而非。作为餐饮人，想要取得更大的成就，就要抛开所有表象，回归餐饮的本质。

那么，餐饮的本质是什么？是满足人"吃"的欲望。

商业起源于商品交换，商品交换源于人们的不同需求。对于食物，人们最初的要求很简单——填饱肚子。随着社会的不断发展，餐饮的产品、服务越来越丰富，人们对于"吃"的欲望也越来越多样。但是长久以来，餐饮经营和价值创造的规则并未改变，那就是人性和人类的根本消费动机。

事实上，不管是商业模式、市场策略，还是产品设计、用户体验，归根结底就是怎样满足人性的需求，哪怕能够满足部分群体的喜好，也一定会在市场上有所收获。餐饮业的发展和创新也都是基于人性中的某些特性来展开的。

改革开放前，人们的需求还停留在吃饱穿暖阶段，餐饮店都是国营店，量大实惠。我的师父、父母都是从那一代过来的。那样的年代，手艺、服务、环境——不重要，只要能让人吃饱就是受欢迎的好饭店。

改革开放后，人们在"量大实惠"的维度上，开始追求味道，这时候如果你稍微懂点手艺，生意基本就不会差。与此同时，餐饮这块蛋糕已经开始膨胀并飘出香味，大批寻求突破的跨界者、投资者、镀金海归们，飞快进入餐饮市场。

此时仅仅做得一手好菜已经不能满足食客们的需求了。餐饮店越来越多，菜品种类也越来越多，供大于求，环境和服务开始受到重视，异国风情开始飞快地进入中国。一大批人顺着上一代打下来的基础大肆升级改造，产品、环境、服务组合形成品牌，也正是在那个时候，餐饮开启了最繁华的一页，餐饮市场这块蛋糕又大又可口。

近 10 年，人们的选择、喜好越来越多，品牌也越来越多、越分越细，老品牌在市场上攻城略地，新品牌渗透分化，各类餐饮品牌纷纷使出浑身解数，想要占据消费者的心智。与此同时，不会改变、不懂改变的业界老人被后起之秀杀得丢盔弃甲，餐饮市场这块蛋糕不断被重新划分。

这个过程，既是人"食性升级"的过程，也是餐饮"生存进化"的过程。随着"用户时代餐饮"的到来，消费者对餐饮的需求、期望和品位也发生了变化。餐饮经历多年发展，其烹饪工艺、技能日益成熟，也早已从简单的"充饥"发展到"美食"，从纯粹的饮食发展到"雅致体验"，餐饮消费层次日益上升，用户呈现出以下五个明显的消费特性。

求实。对当今的很多消费者来说，餐饮消费是一次"品味美食"的过程，是真正体验"舌尖上的美味"的时刻，用料的实在、烹饪的实在，就是对消费者"美味诱惑"的最大尊重。

求特。消费者很看重"特色菜"，希望菜品不但好吃，更要有自身的特色，或味道独一无二，或烹饪技法与众不同，每当宴请或团体聚餐时，他们更青睐选择特色菜从而增强自身请客的"面子感"。

求精。"食不厌精，脍不厌细"，越来越多的消费者关注菜品用料、菜品样式、盛菜器皿……希望吃得"赏心悦目"。

求真。消费者希望能吃到真正天然、新鲜的食物，强调菜品的原汁原味、天然健康。烹饪过程不掺假、不盲目添加、不用非法油品，更多地呈现原味，更好地呈现原趣。

求雅。消费者对菜品品质、就餐环境及文化内涵等重视度越来越高，强调的是良好独特的用餐体验。因此，不管是菜品品质、餐厅装饰、服务员素养等都要力求带来雅、趣的体验。

其实，这五个消费特性，古往今来，一直都是人们的"食性需求"，它们如马斯洛的需求层次一样，是人们的"食性需求层次"。

因此，"用户餐饮时代"的餐饮经营，以人性为核心，以人的需求和价值为导向，注重人的需求、人的情感、人的价值实现。更具体地说，基于消费者对餐饮的需求和期望的不断变化，通过不断改进经营理念、经营模式，提供品质、雅致、美味的食物以及配备训练有素的员工和提供舒适的环境等，同时利用社交媒体等渠道与消费者互动，建立品牌形象和忠诚度的一系列举措来实现。

而我们要做的是：不管时代如何演变，我们始终都应该牢牢立足"人"这个本质，以一个更高、更全面的视角来审视我们的餐饮商业变革和未来发展趋势。

餐饮业的数字化革命

如果在一段体验的高峰和结尾，体验是愉悦的，那么对整个体验的感受就是愉悦的。这就是"峰终定律"。它是由 2002 年诺贝尔经济学奖获得者、心理学家丹尼尔·卡尼曼提出的。

那么，以往我们餐饮人是怎么做的呢？提供远超行业标准的服务质量，如消费者洗手帮挤洗手液、下雨出门帮打伞、过生日送蛋糕唱生日歌；提供主题式服务，利用贴合产品特征的道具、服饰、环境等，让消费者在用餐过程中有着极强的代入感和参与感……

现在不同了，很多去过迪士尼的人都会对一个叫"穿越地平线"的游乐项目记忆深刻；去过北京环球影城的会被"哈利·波特禁忌之旅"或"侏罗纪大冒险"震撼。这些也是顶级主题乐园的流量密码。如果把这些应用到餐饮里，又会怎么样呢？

你可以设想一下，消费者在你餐厅里用餐的过程，除了是一场美味之旅，还是一场风景穿越，甚至可以穿越历史，探索美食故事，体悟菜品的前世今生，消费者很难不心动吧？再如婚礼，不管是中式婚礼，还是西式婚礼，你都有合适的场景可供消费者选择，且有着灵活、沉浸式的呈现手法，并给出一个高科技的震撼开场，你还会担心无人在你这里预订吗？这些便是当下元宇宙技术可在餐厅运用的场景。

虽然关于元宇宙的概念，有着不同的解读，但是最直白的便是"虚实结合"，融合了虚拟现实、增强现实、AI 等技术，它可以为餐饮业提供一系列的创新技术方案。如利用 VR、AR、MR 和全新投影技术，将空间、味道、体验、趣味性融为一体，打造动态视觉空间；将墙体、地面、桌椅作为投影媒介，融合 3D 动画素材场景、声光电技术，为消费者打造身临其境的视觉体验或一场别致的"寻味之旅"，这一切都为消费者带来了绚丽、难忘的"高峰体验"。

然而，元宇宙也只是当今餐饮数字化革命的一角。借助当今的互联网技术和智能设备，对传统餐饮进行数字化改造，已经成为当下餐饮业的创新趋势，其特点主要体现在以下几个方面。

一是智能设备应用。如智能点餐机、智能推荐系统、智能结算等，可以为消费者提供更加便捷、个性化服务。

二是互联网技术嫁接。如运用云计算技术实现餐厅云端管理，通过大数据技术收集分析消费者行为数据，了解消费者消费习惯和需求，从而为消费者提供更多个性化的餐饮体验。

三是多元化服务拓展。如在提供基本餐饮服务时，与电商平台合作开展线上订餐，通过智能设备为消费者提供营养分析、菜品推荐。

四是无人化运营探索。如通过机器人送餐、自动清洁等设备减少餐厅人力成本，通过 AI 实现自动化管理，通过区块链技术对原材料溯源。

五是新潮营销尝试。如组建新兴社区，发行通证 ❶，权益共享，将消费者变成合伙人。

六是跨文化融合发展。如元宇宙可以推动跨文化餐饮融合，将不同文化的美食和烹饪技巧结合在一起，创造出全新的餐饮体验，呈现出别具一格的餐饮文化。

---

❶ 通证，由英文Token翻译而来，通过加密技术、共识规则、智能合约、应用目标等建立起来的，以数字形式存在的权益凭证。会员卡、房产证、购物卡、优惠券等都可以通证化。

今天，数字技术正在逐步走向完善和成熟，诸如元宇宙沉浸式餐厅以趣味性和科技感在各大城市逐步落地实施，为就餐带来新的体验革命。

这些年，我也一直关注、研究诸如元宇宙、区块链等数字技术在行业领域的应用落地。最直观的感受便是：从设备到场景到服务到营销到业务，数字化技术在我们"峰终定律"的实际运用中扮演着越来越重要的角色，并带给我们更多的创作和服务灵感。当然，这并非一小节文字就能够讲清楚的，在后面相应的章节中我都会为大家着重介绍。这里，我希望大家在今后听到诸如元宇宙、通证、NFT 等新兴概念时，不再抱着与我无关或轻视的态度。对于餐饮人来说，什么都应尝试了解、接纳、包容，也唯有将自己的眼界、见识打开了，才能真正跟上时代的步伐。

最后，借用 29 年前，比尔·盖茨在《未来之路》前言里写下的一句话："我们都嘲弄过从前那些在今天看来可笑或者已经显而易见的预言，但我希望它能成为你们未来的旅行指南。"

从单点突破到系统布局

疫情过后，消费者的心理、行为和理念都发生了翻天覆地的变化，享乐消费转变为养生消费，冲动消费转变为理性消费，超前消费转变为节流消费。

"用户时代餐饮"，消费者对餐饮的需求和期望在不断变化，更是掌握着选择权、话语权、掌控权——他们完全掌握着主动权。与此同时，消费者越来越分散，更确切地说，是消费者的注意力越来越分散。

餐饮数字化转型时代，服务数字化、制作数字化、供应链数字化、管理数字化、合作数字化。餐饮战略变了，经营策略也就随之改变了。

所以，就像我在餐饮管理课程上和大家分享的那样，经济增长放缓、增长空间有限、行业内卷、资源配比不平衡的状态下，经历过生死边缘的企业、个体，都需要在存量经济中通过抢占资源才能生存，抢占用户资源、抢占渠道资源、抢占技术资源，甚至争夺新概念、新模式资源。

然而，当危机来临时也是财富重新分配的时候。

2023 年 10 月，中国饭店协会与新华网联合发布《2023 中国餐饮业年度报告》

（以下简称《报告》）。报告对餐饮企业未来的战略计划与业务展望进行了调研，调研结果显示，当前最受餐饮企业关注的前三个发展方向是品牌化、供应链发展和数字化，分别占比 73.1%、65.6% 和 59.1%。接受调研的餐饮企业在未来发展前景上均表现出了积极心态，在未来 1 年拥有新投资意向的企业占比为 76.6%，拥有新品牌计划的企业占比为 64.9%。

另外，有艾媒咨询调研数据显示，2022 年 39.2% 的餐饮消费者消费频次增加，44.8% 的消费者消费次数不变，16.0% 的消费者消费次数减少，行业整体需求较为旺盛。

其实，我们自己也能直观地感受到，在 2023 年，即使大家的消费热情下降，但是对餐饮的消费热情并没有减少，甚至出现了报复性的餐饮消费，例如上半年爆火的淄博烧烤，再如我们的庭院人家依旧是门庭若市。可以说，疫情后在整体社会消费中，餐饮消费增速是非常快的。

所以，今天是挑战更是机遇。在感受挑战的同时，我们要意识到以下的六个变化。

一是流量模型变了。外卖、预制菜、方便食品、直播卖货、短视频营销成为众多餐饮品牌的引流方式。

二是信任模型变了。除了独特工艺、经典、用户好评，品牌创始人、品牌文化、IP、合作伙伴实力、大型活动赞助等都在成为新的信任状。

三是产品模型变了。小且精细化的门店、人性化的民生餐饮，不仅要占领一种味道，更要占领一种情感。

四是服务模型变了。没有最好，只有更好，且随着消费者需求的多样化，个性化服务逐渐迭代标准化服务模式。

五是成本模型变了。通货膨胀，人力成本、房租、原材料成本飞快增长，加之竞争激烈，利润空间压缩。

六是风险模型变了。除了成本增加的风险，网络时代更是"好事不出门，坏事传千里"，餐饮经营一旦出现负面消息，便会带来沉重的打击，甚至是毁灭性的打击。

而这一切归根结底——赚钱模型变了——不是靠菜品挣钱，而是靠品牌挣钱；不是靠竞争取胜，而是靠 IP 崛起（创始人 IP、品牌 IP）。

中国餐饮发展到现在，你无法再如 40 年前仅仅依靠量足实惠吸引消费者，无法再如 30 年前那样掌握一定的技法便可酒香不怕巷子深……总之，把一个单点做到极致就能创造奇迹的时代已经一去不返。在注意力极度分散的信息环境中，以往的单点突破变成了孤军深入，以往的单点红利都变得极其短暂和不稳定，甚至带来意想不到的风险。时代变化，竞争激烈，你需要零售化、流量私域化、品牌化、IP化——必须全面布局，步步为营。

当你意识到这种改变时，要做的便是不再孤军深入或采用单一打法，而是要制定适应当今时代的商战作战体系。

创始人、餐饮人——人格魅力。

产品——巷战—占领。

环境、服务——培养—续航—支援。

营销、品牌——覆盖。

而作为创始人，你需要对你所掌握的各个环节了如指掌并升级战略，做到从单点突破到系统布局。为此，我总结出了餐饮企业五大立体运营系统，即从产品、环境、服务、运营、品牌五个维度进行全面升级（见图1）。

图1　餐饮企业五大立体运营系统

我将围绕这五个板块内容，结合自身多年的行业经验，为大家详细介绍具体升级办法，希望能够帮助你更为从容、更具前瞻性地应对时代的挑战和机遇。

第一篇
产品出品

人生成功的一部分秘诀是，吃下爱吃的东西，然后让食物在肚子里斗争到底。

——马克·吐温

第一章

产品逻辑——产品高维把控

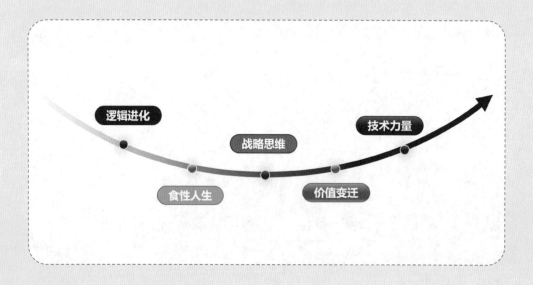

做产品不仅仅是做好一道菜这么简单，你做的也是人品、信仰、文化。

产品的竞争也不仅仅是价格竞争这么简单，竞争的也是思维、价值、技术。

逻辑进化，从经营产品到经营"人品"

在餐饮管理培训课程上，我曾问过大家一个问题："做餐饮什么最重要？"

很多人回答："味道！"认为菜品好吃了自然门庭若市。

很多餐饮人聚焦的也是"好吃战略"，专研技艺、领悟传承、创新味道……

把味道作为餐饮经营的第一位其实没错，毕竟餐饮是"入口工程"。人们对于饮食的需求除了饱腹就是对味道的享受，所有吃进去的东西都需要经过味蕾的检验。在20年前，在经营同样食品的餐饮店中竞争的关键就是味道。

比如，20年前，大街上到处都有卖面的小店，但生意都一般，此时如果你的店味道好，生意便会好，甚至很多人会从很远的地方赶来，只为在你这里吃一碗面。但是这样的事情当今很少见了，为什么？因为我们已经进入了一个互联网与大竞争并存的时代。

互联网时代消费者的意见和建议不是写在意见簿上，而是发在各大平台上；消费者拍照发朋友圈是常规操作，商家依靠消费者传播扩大知名度。在这样的传播环境中，谁家有一个菜火了，第二天便会在更多的地方出现同样的菜。

以前大厨是香饽饽，且厨师的薪资待遇不透明，餐饮企业间的交流非常有限，行业内部交流少，人员流动少。但是现在，围绕餐饮进行的服务机构、餐饮业资讯、行业交流太多太多了，交流的增多，行业日益透明，厨师的流动也变得频繁，而这种交流的频繁和人员的流动，哪还有什么独一无二的味道。

以前秘方是餐饮企业的"传家宝"，现在企业可以花钱买一个配方，掌握核心技术的厨师可以把技术带出去，网络的分享可以在传统秘方上再创秘方……秘方已经没有什么秘密可言。

当竞争激烈，产品同质化时，味道就是最低的门槛，也就是说味道只是最基本的要求。

我再问大家一个问题："这些年，那些餐饮大咖都有哪些动作？"

厨房不再是消费者看不见的地方，而是改成了全明档，如西贝 2023 年升级了 300 多个档口，现场制作莜面；强调地道食材，新鲜可见；又如巴奴毛肚火锅广为人知的广告语"服务不是我们的特色，毛肚和菌汤才是"！

当然这些做法你都可以复制，可我要说的是，你想过为什么要这样做吗？为的是经营"人品"，给消费者留下真材实料、健康卫生、品质绝佳等好形象。

在产品相对缺少的时候，人们对产品的要求就会很低，可能吃饱就行，会"饥不择食"。但是一旦产品越来越多，且同质化越来越严重时，人的需求自然就被推高，就会"挑花了眼"，虽然食物琳琅满目，但是能吃的、中意的东西却越来越少。

我想要在这里强调的是，我们必须站在更高的维度，升级自己的产品逻辑，重要的不是味道本身，而是消费者对味道的认知，对品牌乃至你这个人的认可。味道只是最基础的，你的菜品及品牌所呈现出的"人品"才最具力量。

一个人品好的人，他不仅会在言行中展现出诚实守信的特征，更会以他的品性和行为来激励和影响周围的人，同样你的产品也应该具备这样的特质。

良心底色。做餐饮就是做良心，精挑细选食材，绝不使用过期劣质材料，保证吃的东西干净、卫生，这是最起码的要求。而当今时代，你不仅要做到，更要让消费者看到。

真诚友善。用料足、技艺精湛、高性价比，符合消费者的心理预期，捕获他们的会心一笑。

谦逊包容。不自负、不傲慢，对待其他菜系要理解彼此之间的差异，愿意倾听他人的意见和建议，愿意尝试与挑战，更愿意与消费者分享、探讨。

正能量与激励。菜品有传承、有故事、有格调，你有技术、有原则、有信仰，从而让你的菜品和你一同带给消费者巨大的人格魅力。

产品之道在于诚，取胜之道在于信。"诚"的体现便是良心底色和真诚友善，"信"的体现便是正能量与激励，是对人格魅力的折服。

另外，在餐饮五大立体运营系统中，产品也只是最基础的一个环节，我们最终的目标是品牌，品牌的成长是一个点滴积累的过程，是"攒人品"的过程。未来餐饮行业的竞争是"人"的竞争，是品牌和创始人的人格魅力竞争（后面章节会为大家详细分析）。对于餐饮行业，产品的核心是味道，而品牌的核心是产品、品牌所呈现出来的"人品"。

所以,我们要打破以往的认知,高瞻远瞩,在最开始之时,便要对未来、对全局胸有丘壑。

食性人生,产品的"哲思灵魂"

很多人都看过《舌尖上的美味》,不禁垂涎镜头前鲜艳明亮的色彩、琳琅满目的美食。但是我一直认为它想要激发的并非食欲,而是邀请观众进行一场关于食物的哲思。

中国人栖居于天地间,依托的是"木"——建筑,如《舌尖上的美味3》中《酥》这一集便巧妙地用"上梁仪式"为开篇,并多处出现江南园林、徽派建筑等元素。在点心与建筑的交替与互喻之间,点心也有了建筑的纹理和线条。而酥以其固化的形态之美,的确也配得上"食物建筑"这样的称谓。而在《宴》这一集中,雅士与名厨还原了古籍中的经典菜肴,在古色古香的苏式园子里,攒了一台"文会宴"。

民以食为天,自古以来中华民族就与美食结下了不解之缘,中国人不但创造了举世闻名的中国美食,更是在饮食中体会人生、探索自然,"吃"出了哲学,"吃"出了艺术,"吃"出了情感(见图1-1)。

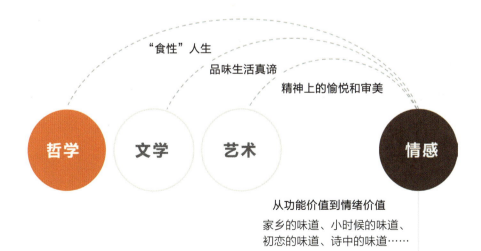

图1-1 产品的"人生维度"

今天，我们也常说"唯美食与爱不可辜负"，静静地咀嚼，细细地回味，食物对我们来说不仅是营养和美味，很多时候也承载着文化、记忆、情感和爱。人类短暂的一生能体验的也十分有限，就如有人说的那样："广厦千间，夜眠仅需六尺；家财万贯，日食不过三餐，让有意义的变得更有趣，让有趣的变得更极致。"

所以，我们的产品是有"人生维度"的，它关乎着哲学、文学、艺术以及情感。

人们不会对冷冰冰的产品有感情，只有有温度、有情感的产品才能俘获人心。你要做的不是冷冰冰的产品，而是要使产品中蕴含哲思、文化和情感等方面的意义和价值，不仅要反映你对食物的认知和态度，还要反映你对自然、社会、历史及人生的观念和情感。

因此，在设定、制定产品时，你要懂得运用哲思来为产品注入灵魂。

●天人合一

天人合一是中国传统哲学的基本观念之一，认为人与天地万物是一个整体，互相关联、互相影响。我们的产品也应遵循这一原则，顺应自然规律，尊重食物本性，体现出人与食物、与自然、与社会的和谐统一。

如根据四季变换来调整食材和口味，以适应人体不同的生理需求，并顺应自然的变化之道。

庭院人家，深谙自然之道，依循四季之韵，精心策划了春、夏、秋、冬的菜谱与推广计划（见图1-2至图1-5）。春之食材，鲜嫩多汁，口味清新；夏之佳肴，清凉解暑，味美消烦；秋之珍馐，滋补养生，味道醇厚；冬之美味，暖身驱寒，口感浓郁。我们用心挑选每一份食材，巧妙调配每一道菜品，旨在满足人体在不同季节的需求，让每一位食客在品尝美食的同时，也能感受到大自然的鬼斧神工与和谐之美。

庭院人家春季美食节

· **春季美食节文化介绍：**

我们把时间味道带给您，我们总共有春、夏、秋、冬四本菜谱，加上一本主菜单，把每个季节的食材在每个季节呈现。

现在是春季，用好食材告诉您春天的味道！

· **客户短信：** 庭院人家春季美食节，用好食材告诉您春天的味道，会员尊享春季美食节半价菜：

1. 香椿黑松露豆腐
2. 秧草河蚌斩肉

电话：……

春季菜谱设计		
凉菜	**热菜**	**主食**
虾籽春笋	清蒸（生煎）刀鱼	荠菜春卷
香干马兰头	雪菜春笋	刀鱼馄饨
香椿豆腐	砂锅蒲菜	艾草青团
香椿蒜泥白肉	春韭螺丝头	
葱油蒲菜	咸肉蒸春笋	**水果**
炝拌菊花脑	咸肉菜苔	
盐水桃花虾	河蚌砂锅白芹	
荠菜核桃仁	蒜苗蚕豆	
椒麻春笋	油焖春笋	
葱油蚕豆	脆炸香椿卷	草莓
咸肉糯米笋	香椿涨蛋	大连青枣
香椿龙虾核桃仁	蒋坝烧螺蛳	
柠檬泡馍甜豆泥	青蒜卤肉秧草河蚌	
麻酱胶囊菠菜	蒲菜黄辣丁	
	鲅肺汤	

图1-2　庭院人家春季美食节菜谱设计

15

庭院人家夏季美食节

· **夏季美食节文化介绍：**

　　我们把时间味道带给您，我们总共有春、夏、秋、冬四本菜谱，加上一本主菜单，把每个季节的食材在每个季节呈现。

　　现在是夏季，好食材让炎热的夏季多姿秀丽！

· **客户短信：**庭院人家春季美食节，用好食材告诉您春天的味道，会员尊享春季美食节半价菜：

　　1. 香椿黑松露豆腐

　　2. 秧草河蚌斩肉

　　电话：……

夏季菜谱设计		
凉菜	热菜	主食
虾籽茭白	虾胶煎藕饼	小米凉糕（绿豆）
醒目苦瓜	凉瓜虾球	
桂花马蹄	冰川茄子	
泡椒藕带	面拖六月黄	水果
酒醉小龙虾	酒香鲥鱼	
胡辣油焖菜鸡丝	老淮安蝴蝶片	
酸辣开胃佛手瓜	虾干烧瓠子	
陈年花雕六月黄	十三香小龙虾	
龙虾冻空中花园	酿土椒	
葱油芦苇心	家烧鲜莲子	水蜜桃
女儿红醉小公鸡（花雕冰花鸡）	白汁鮰鱼	荔枝
	临沂炒小公鸡	杏
玛瑙鸭蛋	汗蒸麻鸭	
樱桃胭脂萝	炝炒丝瓜尖	
	一品六月黄蟹肉羹	

图1-3　庭院人家夏季美食节菜谱设计

庭院人家秋季美食节

· **秋季美食节文化介绍：**

我们把时间味道带给您，我们总共有春、夏、秋、冬四本菜谱，加上一本主菜单，把每个季节的食材在每个季节呈现。

现在是秋季，秋高气爽，邀您来品尝诗词里的珍馐美馔！

· 客户短信：庭院人家秋季美食节，秋高气爽，来品尝诗词里的珍馐美馔！

会员尊享秋季美食节半价菜：

1. 姑娘果奶香板栗

2. 莼菜温泉蛋（位）

电话：……

秋季菜谱设计		
凉菜	热菜	主食
姑娘果奶香板栗		院子墙下的番薯
捞汁元贝秋葵	鲜石斛山栗仁烧牛腩	
炝拌木瓜丝	堂蒸百合	
百合四角豆	清蒸大闸蟹	水果
话梅核桃	肉汁茨菇	
花雕醉蟹	油焖茭白	
糟香带鱼	银鱼炒蛋（脆皮银鱼）	
珍珠国药球	莼菜温泉蛋（位）	
冰镇沙窝萝卜	金华火腿炒松茸	
山楂皮奶油秋意	鸡枞菌炒元贝	
无花果坚果球	蟹粉鸡头米捞饭	枇杷果
水晶皮奶香	蟹粉鱼肚	无花果
秋葵芝麻菠菜	肉汁香芋	
姜汁莲藕	砂锅焗板栗南瓜	
红酒雪梨	秋葵牛仔粒	
熟醉罗氏虾	淮安烧老鹅	
坚果芝士板栗南瓜		

图1-4 庭院人家秋季美食节菜谱设计

庭院人家冬季美食节

· **冬季美食节文化介绍：**

我们把时间味道带给您，我们总共有春、夏、秋、冬四本菜谱，加上一本主菜单，把每个季节的食材在每个季节呈现。

现在是冬季，食物从来不会说谎，好食物包含着温情与良心！

· **客户短信：** 庭院人家冬季美食节，食物从来不会说谎，好食物包含着温情与良心！会员尊享冬季美食节半价菜：

1. 5J 火腿烩干豆角
2. 卷饼猪头肉

电话：……

冬季菜谱设计		
凉菜	热菜	主食
烧汁茨菇	肉汁独头蒜	拉丝糖油饼
橙皮牛肉	萝卜丝烩生蚝	
糯米酱卤大肠	百叶结风鹅	
黄金怪味独头蒜	笋干老鸭煲	水果
5J 火腿烩干豆角	宁夏滩羊肉	
坚果陈醋手指茄	淮安酸菜烧肠头	
白切羊脸	咸货铺子	
苏北香肠	腊八蒜烧带鱼	
黑松露酱拌小河白菜	黑松露肉汁冬瓜	
酥燠鲫鱼	淮安咸肉青蒜炒茨菇	冻梨
香辣牛筋冻	黄芽菜烧板肚	冬枣
黄芽菜拌蜇皮	雪菜烧冬笋	
手撕牛肉	卷饼猪头肉	
	桂圆扒牛蹄	
	藏王参肚包鸡	

图1-5 庭院人家冬季美食节菜谱设计

除了"四季变换之道"，还可以根据地域特色形成不同风味特色，以顺应人们的生活习惯；根据当今全球化大环境，将中西方技法、菜式融合创新，满足人们新的口味需求（见图1-6）。

图1-6 产品的"哲思灵魂"

● 阴阳五行

阴阳五行是中国传统观念之一。古人认为阴阳是宇宙万物运动变化的基本原理，五行金、木、水、火、土是构成世界的五种基本物质，它们互相制约、互相促进。而在中国饮食文化中，不仅把味道分为五种，产生了"五味"说，还十分注重平衡食物的阴阳属性，协调食物的五行关系，从而体现人与食物的相互影响。

如冬季吃羊肉等温补之品，夏季吃莲子等清凉之物，通过食物的温凉寒热来调节人体的阴阳平衡；将众多食物分别纳入"五谷""五肉""五菜""五果"，以对应五行，遵循阴阳……阴阳五行是中国饮食文化的重要组成部分。

● 和之意境

"和"是什么？"和"是处于两个极端之间的一种舒适态度，是达到事物最佳效果的最佳方法。中国的烹饪也处处讲究调谐以达到"和"的境界。《周礼·内饔》的"割烹煎和"，"割"和"煎"只是烹饪的过程，"和"才是菜肴的制作要义，贯穿整个过程。你的产品也应遵循这一思想，让人与食物之间有着最佳匹配度和最优选择。

"和"是在多样和差异中经过调谐以达到舒适和平衡，如根据食物的酸甜苦辣来调和五味，丰富食物的适口味道，以免单一和过度；根据烹饪方法和火候来掌握食物的熟度和风味，生熟有度，口味最佳；根据食物的质量和数量来控制用料和份量，以免浪费……

● 人文情怀

人文情怀是中国传统文化的精髓之一，是人们对于人类文化、历史、传统和情感等方面的一种情感态度，体现了人们对于人文价值的关心、认同和热爱，注重情感和感性的体验。你的产品也应体现这一精神，注重食物的内涵和文化，传递食物的情感和价值。

如根据菜品用食物的形象、寓意来命名，以增强菜品的趣味和意义；通过食物的历史和故事，赋予菜肴独特的文化和情感；视氛围、场合，营造菜肴的气氛和品位……我们庭院人家深谙此道，无论是特色美食、家常小炒，还是佐酒小菜，我们都致力于通过传统技艺的呈现和复古场景的再现，向用户传达技艺的正宗与讲究，以及深厚的人文气息。人们不仅能品尝到美味的菜肴，更能感受到传统、历史和关于个人成长的独特体验，仿佛置身于历史的长河之中，品味着时光的味道（见图1-7至图1-9）。

餐饮是非常特殊的行业，产品往往与人的精神生活联系起来，消费者会通过你的产品去体会人生、探索自然、诠释社会，好的产品不仅是一场味觉盛宴，更是一次有思想、有感悟、有情感、有天地的"美味之旅"。

战略思维，四个秘诀规划产品

很多餐饮人对于产品的态度大致可以分为以下几种。

一是注重口味。认为只要口味好其他的都不是问题，因此不停地在口味、原材料品质上下功夫。

二是流量心态。市场什么火，就跟风做什么，想以此"破译"流量密码。

三是高度自我。以自己或朋友好恶为评价标准，只要自己吃着好、吃得开心就觉得是对的，或者根据个人的爱好、情怀去开店，选择某一特色产品。

图 1-7 庭院人家烤鸭宣传样式

图1-8 庭院人家江南菜宣传样式

图 1-9 庭院人家下酒小菜宣传样式

四是混口饭吃。尤其很多小品类小店，本着混口饭吃的心态，对产品的态度是"差不多就行"。

五是追求包装。非常重视产品的包装，运用各种花里胡哨或高大上的餐具提升产品形象，从而方便提高售价增加利润。

六是力求完美。每一道菜都精雕细琢，从口味到包装都要做到无可挑剔，试图满足所有人的要求。

七是跟着厨师走。自己并不知道具体销售什么产品，而是根据招聘到的厨师技能来确定产品，这时厨师的拿手菜就是餐厅的招牌菜。

我相信以上的几种，很多人都见过，这些也是餐饮界的常态。

以上这些常态，我不去评价对与错，我只是想告诉大家，在做产品之前有一个非常重要的环节被不少餐饮人忽略了，那就是产品规划。而产品规划不是凭着你的心态、心意、喜好进行的，而是要根据你的产品基因、自身优势、品牌 IP 及发展阶段进行，从而做到有战略、有系统。

● 产品基因

产品有很多"基因"，如原材料是否受到季节限制、工艺是否复杂、产品核心价值在哪里……这一系列的基因决定了产品的特性。

我们不能为了生产产品而生产，而是要结合原料属性、品类认知、市场需求、消费情况等变量来综合性地研发、生产产品。非常简单的一个例子，如果产品工艺十分复杂，或者原材料限制比较多，那么产品的制作就会受到很多限制，这并不适合做大众菜（见图 1-10）。

原料基因
原料属性、储运条件、工艺设备、价格……

品类基因
传统大众、小品类、新品类、细分赛道……

用户基因
客群定位、需求定位、观念、价值感知……

消费基因
主题、理由、借口、预期……

行为基因
刚需、习惯、频次、念旧……

图1-10　产品五大基因

● 自身优势

你具备什么样的条件？有名厨、主题鲜明、加盟模式……不同的条件和特色会对我们产品研发有一定的限制。比如，当你采用的是加盟或连锁的模式时，产品就要往标准化、可快速复制方向努力。如果你有名厨，产品就可以往特色化、体验化等方向努力。

因此，做产品时，你必须对自己的优势、劣势、机会和威胁有一个清晰的评估和认知，扬长避短，找到自己的优势和特色，从而选择做什么、不做什么，进而把自己的优势最大化。

● 品牌IP

很多餐饮人的误区——产品多就能吸引消费者。

然而，产品多并不一定好，容易让消费者印象不清晰、不深刻，甚至没有记忆点。当消费者记不住你的产品是什么时，你如何让他们知道你是谁？如何让他们清晰地感知到你在卖什么？

做产品，我们始终要记住一点：消费者最容易记住的不是菜单，而是一道或几道特色菜，即核心产品——这就是产品记忆！

不管是产品规划还是产品结构中一定要有核心产品，并努力将其打造成IP产品。

● 发展阶段

不同的发展阶段，有不同的产品侧重。

产品阶段（基础阶段）。这是从0—100的过程，最重要的是建立核心产品优势，以差异化、特色化等建立起核心优势，进行市场破局。

规模阶段（成长阶段）。从100—1000的过程，此时已经建立起了产品优势，中心便转移到经营用户、增强体验、深化场景等赋予产品更多附加功能和情绪、情感价值。

品牌阶段（绽放阶段）。从1000到无限放大的过程，此时重点在于整合资源，进行不同产品形态规划，如整合渠道资源，在门店、超市、外卖、短视频……每个渠道都做成模块，以此放大品牌效应。

做产品，做从来不是目标，目标是做好产品。产品的成功绝非来自偶然，成功的爆品也一定都遵循着一定的规律。你一定要综合产品基因、自身优势、品牌IP及发展阶段等多方面因素，做出明智的产品选择，制定科学的产品策略，也唯有这样才能在激烈的市场竞争中脱颖而出、长足发展。

价值变迁，从功能到情绪到精神

不管是在聊天还是在餐饮管理课程上，我们时常会听到这样的话："我的菜品真的很好，就是营销没跟上。"但是你所谓的"很好"，好在哪里？一切产品都有三种价值：功能价值、情绪价值、精神价值。如果你的产品在今天只是满足功能价值，非常抱歉，这还不够好。餐饮是十分特殊的行业，当今消费者来吃饭不只是为了果腹，还有精神上的愉悦和审美。

另外，产品本身就是营销中的一环，为什么最后反而归结到营销上去了呢？虽然营销就是为了帮你卖产品，但营销的前提就是你的产品真的具有让消费者愿意付出的价值，否则一切白搭。

也有人时常这样感叹："经济下行，人们不愿意花钱了，生意难做了。"但是实际上呢？相比"舍不得花钱"，消费者更在意的是"为了什么花钱""这钱我花得值不值"。如户外生活方式被追捧，促进了城市周边民宿的蓬勃发展，这种体量小、极具个性且充满人文关怀的旅居项目，可以满足更多的家庭出行、聚会的需求。2023 年，也成了近几年来城市周边民宿发展快速的一年。

如今人们更加关注自身生活本质，开始思考如何更好地满足自己，他们愿意为了获得某种情绪和感受而买单。消费者的价值感受正在变迁，即从功能价值变迁到情绪价值再到精神价值。

所以，今天做产品时，必须懂得在功能价值、情绪价值、精神价值三个维度，给消费者充足的购买理由（见图 1-11）。

图1-11　产品的三大价值维度

● 功能价值

所谓功能价值，就是产品的使用价值能够满足人们最本质的需求。

功能价值是基础。举个例子，你饿了，进餐馆吃了一碗面，你不再肚子饿，那么"不饿"就是这碗面的功能价值了。如果你饿了，结果买了水，即使水再甘甜，它也无法对你产生功能价值。

在产品功能层面，消费者脑中永远都只有两个问题：对我有什么用？和别人的又有什么不一样？解决"有什么用"的问题并不难，难的是解决"不一样"的问题，即差异化，这是我们产品创作法则之一，在下一章中我会为大家详细介绍。

这里需要大家警惕的是，产品一定要从消费实际需求出发，为消费者服务，千万不要一拍脑门觉得消费者需要就陷入美好想象，开始研发、生产产品。针对功能价值，一定要找准核心点和利益点，不要活在自己的世界里。

● 情绪价值

情绪价值是消费者为了获得某种情绪和感受而愿意支付的价值。

今天人们对于产品情绪价值的追求已经大大超出了功能价值的要求，好看、有趣、抚慰……它是产品烟火气的人情表达。

另外，理想的消费者购物模式是：分析—思考—选择。但实际消费者的购物模式是：看见—感受—选择。人们消费越来越感性，纸船牛排、新中式烤肉、沉浸式餐厅……好不好吃不是最重要的，重要的是它看起来值得去尝试，干冰、火焰、闪电……谁更能刺激消费者的感官体验，谁就能在社交媒体上获得曝光度、话题度。

今天，同类产品的功能价值也越来越趋于同质化，产品差异化的产生越来越趋向情绪价值。我们必须懂得让产品的情绪价值表达更为突出，将产品的附加值做足。餐饮的产品创新、品牌营销都需要充分关注情绪价值的挖掘。

● 精神价值

10多年前，我身边吃牛油果的人还不是很多，但是这两年越来越多的人开始吃牛油果。这背后真正的原因是他们喜欢上了这个口味吗？如果你深入调研一下，就会发现喜欢吃牛油果的大部分是中产阶级，芝士、牛排、牛油果等食物，正在成为一种身份象征。

任何产品，当它被人消费时，消费者的行为就会为它赋予特定的意义，这个特定的意义就是精神价值。而你的产品会借由一种观念、精神、人设、人格活在消费者心中，成为他们的个性表达，投射他们的生活态度，体现他们的文化修养，而这也构成了产品价值的一部分。

以下三种价值是产品循序渐进的价值维度。

一是功能价值。"安全、健康、好吃"是让消费者产生复购意愿，并重复消费的基础和根本。

二是情绪价值。在功能价值的基础上，通过体验释放产品情绪能量——超值、记忆、愉悦，与消费者产生情感共鸣。

三是精神价值。是在情绪价值基础上产生的，是最高层次的价值所在，将为产品带来最大的溢价。

当今时代，普通产品令人信赖，成功产品让人信仰。只有当餐饮被情感、精神覆盖时，产品才更有温度、更有魅力，消费者才更愿意选择和拥护。

技术力量，区块链守护舌尖上的安全

做餐饮产品离不开食材。何为食材？就是我们制作餐饮产品所需要的原料。食材的好坏对于产品品质至关重要，食材的选择是否安全、新鲜也是餐饮企业声誉的保证。

与此同时，食品安全一直是消费者最关心的问题之一。根据咕嘟妈咪对消费者的调查，外出就餐时，87.1%的消费者会关注餐厅食材的信息。其中，消费者最看重的是食材新鲜度占85.4%；其次，食材原产地占54.0%；最后，食材的营养价值占38.1%。

这些年来，一方面，媒体对食品安全事故的曝光度也越来越高，黑心鸡排、肉排、地沟油、防腐剂、农药……无不挑动着消费者的神经；另一方面，竞争激励，行业内卷，很多餐饮企业都在强调自身食材的健康、安全，甚至有的餐饮企业直接将食材作为差异化竞争的主要手段。

不管是经营需要还是竞争需要，食材安全是你做产品不可绕过的一个环节。

那么，你将如何向消费者保证你餐厅的食材来源正宗、品质无忧呢？

明厨展示，接受消费者的监督，打消消费者的顾虑；通过菜单或服务沟通等方式进行食材营销；加大对食材场地、供应商的介绍，将食材供应商推向前台——这些确实是办法，也是很多餐饮企业已经做到的。但是，除了看到食材，消费者还想了解食材的产地、食材的配送过程。

此时，如果有一家餐厅对每一批次的食材都会进行溯源记录，并上传到区块链，消费者在用餐时，可以通过手机扫描食物上的二维码查看食材的来源、生长（养殖）环境、生产日期、运输温度、营养成分等信息，消费者就会更加放心，在同类型餐厅中，消费者就会更愿意信任这家餐厅。

在餐饮数字化时代，你完全可以借助数字技术的手段，储存和释放食材信息，做好你食材质量的把控和消费者的"安全沟通"。如区块链技术。区块链，简单理解就是一个去中心化的分布式账本（数据库），数据、信息不可篡改且透明、可追溯。在区块链技术出现之前，食品溯源的技术手段是应用中心化存储技术，将食品信息存储在一个服务器中，但这个服务器是中心化的，是被人拥有和控制的，食品上下游的参与者为了达到个人利益，可以篡改食品信息。而区块链是去中心化的，不依赖额外的第三方管理机构或硬件设施，没有中心管制，可以实现食材、食品信息的真实透明、可追溯、难以篡改，且食品、食材的生产、流通、销售等环节可全程监控。可以说，区块链食品溯源技术打消了消费者对食品安全的顾虑，解决了食品生产流通各环节参与者之间的信任问题。

具体来说，区块链在餐饮中的溯源作用主要体现在以下几个方面。

● 提高溯源效率

区块链技术可以提供一个去中心化的分布式账本，记录的信息在多个节点均有备份，通过区块链网络端口可对记录存储的相关信息进行查询。这种架构可以去除对中心化集中式管理的依赖，解决食品流通过程中信息不对称的问题，各参与实体共同维护同一账本，以提高溯源进程的运行效率。

●确保食材、食品信息的安全与真实

区块链技术的防篡改性可以保证信息数据上传至区块链后的真实性，消费者可以通过区块链技术追溯食材、食品的来源和生产过程，以确保食材、食品的安全和真实性。

●优化供应链管理

区块链技术可以记录食材、食品的生产、加工、运输等环节的信息，实现信息共享和透明化，有利于优化供应链管理流程，提高整体运营效率。

●应对风险和危机事件

一旦发生食品安全事件或质量问题，利用区块链技术可以快速定位问题产品，进行产品召回和隔离，最大限度地减少风险和损失。

今天，市场上已出现不少专门服务餐饮行业的区块链技术企业，区块链技术也正在餐饮行业中落地。你要做的便是迎合数字经济时代的发展，借助数字技术的力量，不断地完善、创新你的产品和服务。

至此，认知有了，信仰有了，思想有了，价值有了，技术有了，接着你便要实打实地去打造一套产品出品系统。

第二章

出品系统——实战"食全食美"

产品结构、产品创作、产品命名、产品定价、产品包装、产品创新、产品传播 —— 开店从产品出品系统起步，而后生品牌万象。

主次可辨，设立产品结构

我有一个学员曾分享过一段他自己的经历。他刚开店那会，菜单定制了 60 多个菜，那时还没有正式营业，只是做内部压力测试，请了十几个朋友来店里试吃。结果后厨彻底乱套了。这样尝试了几天，厨师和服务员怨念很大，甚至有服务员当场表示不干了，朋友也表示乱、慢、差，体验不好。

到正式营业时，他制定了产品结构，简化了菜单，只留下了 30 个菜。而且这30 个菜是逐渐增加的，一开始先上 10 个菜，然后慢慢增加到 11 个、12 个、13个……生意也就这样一步一步做了起来。

他说这是个宝贵的经验，让他知道了产品出品，并不是一股脑儿地将所有的菜肴展示在顾客面前，这是费力不讨好的，且很容易自乱阵脚，他也通过自己的实践感悟到既科学又合理的产品结构都是设计出来的。

那么，如何设计一个科学的产品结构呢？一个好产品结构一定包含以下三类产品——引流产品、利润产品、核心产品，且占比依次增加（核心产品占 50% 以上），主次分明（见图 1-12）。

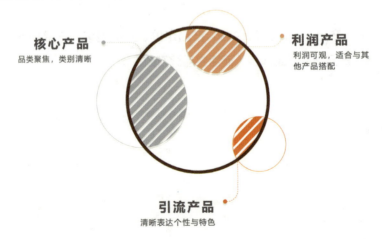

图1-12　餐饮产品结构

● 引流产品，清晰表达个性与特色

什么是引流产品？就是为你带来流量的产品。

引流产品并不是为了获利，而是吸引流量扩大消费者购买其他产品的概率。其特点：价格、特色、口味、外形等都要有绝对的差异化，以此清晰地表达出你的个性和特色。

只有品质和形象都好的产品，才有资格做引流产品，普通产品难以承担这个角色。你需要寻找或自行研发这样一款有特色、有生命力的产品，最简单的理解就是打造爆款。

● 利润产品，利润可观，适合与其他产品搭配

引流产品是变着法地去讨好消费者，而利润产品则是铁了心要赚钱，毕竟你要生存。

当然，利润产品并不需要十分高端，或卖得非常贵，而是利润必须高，是高毛利。比如，一份素炒豆芽不到 10 元钱一盘，但是你将 1/3 的豆芽用开水余熟冰凉以后，小小的一份卖 4 元，这就是高利润。再如，麦当劳、肯德基的可乐，当你买一个汉堡加一杯可乐，就拉高了平均毛利率。因此切记高利润的产品并不一定要多贵。

利润产品一般出现在凉菜、甜品、饮料等产品中，其往往是借助引流产品吸引的流量创造利润，适合与其他产品搭配。

● 核心产品，品类聚焦，类别清晰

核心产品，就是突出你的产品品类，给你的餐厅定调、定位，从而清晰地告诉顾客你是谁，你在卖什么。

比如山西刀削面馆，虽然面馆里还有很多其他产品，但是刀削面就是核心产品，它的作用就是帮助面馆进行定位。

需要注意的是，核心产品需要满足一个条件，那就是供应链要稳定，不能时有时无。另外，最好能有一个产品是容易被打包带走的，这样门店的外卖量就不会太低，不会因为堂食的接待能力限制了门店的营业额。

当然在产品结构中，除了以上三大产品，还可以有流量产品、口碑产品、非单

独售卖品等，你可根据实际情况作如下增设。

一是流量产品。流量产品要足够大众化，如土豆丝、麻婆豆腐等，能让消费者有"点这个不会错"的心理，比起核心产品消费者对其认知成本非常低。

二是口碑产品。口碑产品就是用来做口碑的，价格不高甚至略低，且有颜值有味道，能够带给消费者超值感受，提升用户体验。

三是非单独售卖品。这类产品一般成本低、销量低、价格高，消费者不会单独购买，需要搭配出售，作用是拉高毛利率。比如一个套餐30元，在平台上要打折到28元才能出售，但是把非单独售卖品价格标为10元，与套餐搭配出售，那么总额就是40元，再打个折30元出售。此时消费者会觉得实惠。

其实关于产品结构，同行业中有多种分类法，其总体上大同小异，而且很多产品功能都是重叠的，比如招牌菜，往往既是引流产品，也是核心产品。我们要保持核心产品突出、多组合的产品结构，这是不怎么花钱就能切实有效的方法。

烟火触摸，主打产品三大创作法则

在美食的世界里，每一道菜品都有一种独特的语言，通过色、香、味、形、意五个方面向人们诉说着它的故事。

色，餐饮产品给人的第一印象。鲜艳的色彩、和谐的搭配，不仅让人赏心悦目，更能激发出强烈的食欲。犹如在绿色的田野上点缀着红色的果实，让人感受到生命的力量和自然的韵味。

香，餐饮吸引人的秘密武器。每一种香气都有其独特的魅力，能够瞬间唤醒我们的味蕾记忆。在烹饪过程中，各种香料和调味料的运用，使得菜品的香气层次丰富，让人沉醉其中。

味，产品的灵魂。无论是甜、咸、酸、辣，还是鲜美，都是大自然赋予我们的珍贵礼物。一道美味的菜品，应当充分展现出各种口感的碰撞与融合，让人在享受美食的同时，也能感受到生活的美好。

形，产品的姿容。每一道菜品都应该有它独特的形态，无论是精致的花朵状，还是豪放的山石状，都应该展现出其独特的魅力与美感。这不仅能让人品尝到美食，也能享受到视觉的盛宴。

意，产品的内涵。每一道菜品都可能蕴含着深远的意义和故事。它可能是团圆的象征，长生的寓意，富贵的代表，这些都是菜品所蕴含的文化内涵和情感意义。

色、香、味、形、意是餐饮产品的五大标准，也是很多餐饮人追求的烹饪艺术境界，是产品创作的"内功"（见图1-13）。

图1-13 庭院人家炭烤炆火雪花牛肉、低温慢煮火山岩牛排

但是"用户餐饮时代"，产品仅仅做到这个层次是不够的。

举个例子。有消费者要求你煮一个完美的鸡蛋，你会怎么做？

这个看似简单的要求其实暗藏玄机，何为完美？有些人喜欢吃嫩蛋，有些人喜欢吃溏心蛋，有些人偏爱老一点，而"完美"二字，更意味着失之毫厘，谬以千里。但是有一个厨师做到了。他点上火炉，在一个瓷碟上抹些橄榄油后，放置火炉上烧热。等瓷碟烧热，他将生鸡蛋打进去，撒上点盐，将正在煮熟的鸡蛋端到消费者面前。鸡蛋在瓷碟上煎烤，当消费者起筷时，就是他心中的"完美时刻"。

所以，美食制作是复杂而多元的，由于每个人对美味的定义不同，并与个人的口味和喜好有关，因此，产品创作更是一场你和消费者的对话。在上一章节中，提到了产品有三大价值维度——功能价值、情绪价值、精神价值，而这三大价值无不是通过消费者产生作用的。

身为餐饮人，我们应该再增加一个产品创作"外功"——三大创作法则，在这三大创作法则基础上，再做好产品色、香、味、形、意的"内功"（见图1-14）。

图1-14　餐饮产品创作"内外功"

● 用户法则

用户法则，强调的就是消费者在你的产品设计中居于中心地位。

餐饮产品打造十分讲究"同理心"，你理解消费者，消费者也喜欢你。但是让消费者喜欢你的前提，一定是你理解消费者，是"他想要"，而不是"你想给"。

而在产品创作这一块，你更是可以从用户身上获得"创作灵感"。比如站在用户视角，明确用户需求，知道用户喜好，充分考虑用户的感受。通过深入了解用户，你可以创造出更符合用户期望的产品。

当然，在使用用户法则时，不是要求你去了解、满足每一个消费者的需求，这不现实，也没有必要。"20：80法则"同样适用于我们餐饮业：20%重要顾客决定着你80%的收益。我们真正需要下功夫去了解和满足的便是这20%的重要顾客。甚至你还可以与这20%的顾客成为朋友，让他们参与你产品选材、设计、评测等环节。在新消费者浪潮来临的今天，产品创作是一个用户需求逆向回溯的过程，在这个过程中，消费者不仅是消费者，更可以是创作者。

● 痛点法则

这里的痛点是指产品创作过程遇到的问题、困扰或不足的地方。痛点法则就是找到产品生产环节中存在的痛点，进行优化或解决（见表 1-1）。

表 1-1　餐饮产品的痛点、解决办法及优化后对应的消费体验提升

痛点	解决办法	消费体验
食品安全问题：包括食材的品质、添加剂的使用、食品的卫生等	在食材采购、储存、加工等环节，严格把控，确保食品的安全和卫生	提供健康、美味的餐饮体验
品质不稳定：由于原材料和环境等因素的变化，口味和品质的不稳定	提供高品质、多样化菜品，以及完善的品控体系，以确保每一份餐品都能保持稳定的质量和口味	感知餐饮企业对产品品质的用心与匠心
出品效率和产量不稳定：由于设备和人为因素影响，出品效率和产量的不稳定，进而影响餐厅运营	采用先进生产设备和技术，在保持品质稳定的前提下，提高出品效率和产量	缩短等待时间，提升消费体验
库存问题和周转问题：库存过多或周转不畅，导致成本增加和资源浪费	科学管理库存，合理安排供应链，避免食材的浪费和短缺	节能、节约，绿色环保，收获好感
成本问题：物价上涨、竞争加剧，成本不断上涨，影响产品选择和创作，进而对盈利产生影响	从食材、员工、租金等各方面精细化管理。同时在保证品质基础上，将产品附加值做足	带来性价比、兴价比、心价比
新品研发乏力，在新品研发方面缺乏创新和创意	加强新品研发力度，推出更多具有特色和创新的产品	带来新颖的体验，满足其对于美食的追求和期待

你可以根据表 1-1，逐条审视自己，找出自己的痛点所在，并进行优化或解决。

●差异化法则

同样是吃鱼，你为什么非要选这家餐厅而不是那家餐厅？因为这家餐厅鱼是招牌菜，鱼头特别大，盛放菜品的盘子特别大，而且还会敲锣打鼓地将菜品为你呈现上来，让你感受到了与众不同。

餐饮业从来不缺相似的产品，缺少的是让消费者满意甚至惊艳的产品。我们在为消费者提供产品时，若想给消费者留下深刻的印象，不仅要有"我是谁"的清晰表达，更需要通过差异化告诉消费者"我能提供什么独特的产品"。

那么如何挖掘产品的差异化？其实就是打造引流产品。你可以从以下几个方面入手。

一是寻工艺。不同的生产加工工艺，所产出的成品结果是不一样的。这也可以成为产品的差异化，以及与消费者沟通的利益点。如真功夫"蒸的营养专家"，就形成了与洋快餐"烤、炸"的工艺差异化。

二是寻源头。在产品的产地上"做文章"，打造差异化，通过消费者对产地的认知，从而对产品产生信赖及偏好。在餐饮市场上，体现较多的是原材料的产地，如西贝的蒙古牛大骨、呷哺呷哺的锡盟草原羔羊肉等。

三是立标准。就是建立起品类的标准，如烤鸭的标准，"只有果木烤的，才是正宗的"；火锅的标准，"铜火锅，是起源"等。餐饮行业建立标准差异化，通常都是围绕"正宗""老字号""起源"等展开。

当然，方法不只以上这些，产品形式创新、口味创新、挖掘未被满足的需求、挖掘美食故事等，都可以形成产品差异化。

雅俗同趣，实用与寓意的菜品命名法

名字，不管对人还是对美食，都是一个重要的价值符号。

原材料切配后，给产品起什么样的名称，不仅反映食材的特色，还关系到厨师对菜肴烹饪过程的理解及烹饪素养，同时也是一种艺术的展示和文化的体现。一个好菜名好比一把能打开销量之门的密钥，不仅容易勾起消费者的购买欲望，而且还可以把餐饮产品及品牌的调性、个性深深地刻进用户心里，形成记忆点。

　　然而，对于很多人来说给产品起好名并不容易，要么和别人一样，千篇一律，要么过于新奇，导致消费者看不明白。这里就来讲讲命名的方法到底有哪些以及该如何起一个好菜名（见图1-15）。

● 技法+主料　配料+主料
● 调料+主料　口味+主料
● 色泽+主料　质地+主料
● 外形+主料　器皿+主料
● 人名+主料　地名+主料

写 实 命 名 法

寓 意 命 名 法

● 附会典故传说　借用古典诗词
● 模拟实物造型　镶嵌吉祥数字
● 巧用珠宝名称　借用修辞手法
● 创意拼写命名　融合美好祝愿

图1-15　餐饮菜品命名系统

● 写实命名法

写实命名法，就是用写实的方式直白地表现出菜肴的特色，通常围绕技法、主料、配料、调料、口味、色泽、质地、外形、器皿、人名、地名等命名。

写实命名法几乎适用于所有菜品。走进国内每一家餐厅，你都能在菜单上看到按照写实命名法起的菜名。这里我归纳了以下十种写实命名方式。

技法 + 主料。在主要食材前加上烹调方法来命名，如干烧明虾、清蒸鳊鱼、拔丝地瓜，能直接明了地让人知道菜肴的内容和烹调方法，适用于烹调方法具有特色的菜肴。

配料 + 主料。主、配料同时出现在菜名中，如肉末茄子、虾子蹄髈、蛤蜊铆鱼，配料时常出现在主料前，突出配料的重要性，也能让消费者迅速明白这道菜的食材构成。

调料 + 主料。主料前加调料的命名方法，如蚝油牛肉、豆瓣鲫鱼、双椒鸡，可以让人一目了然地知晓菜肴的调味法与调味料。

口味 + 主料。将菜肴口味与主要食材组合形成菜名，如鱼香肉丝、怪味鸡丝、糖醋排骨，这种方法能用文字刺激消费者的味蕾，比较适用于口味浓烈的菜品，如麻辣、鲜酸、浓甜。

色泽＋主料。以一道菜中最鲜明的颜色，用形象的词汇将其描述出来，如白汁鱼丸、金银馒头、翡翠蛎羹汤，通过视觉词汇让消费者对菜品产生好感及美妙联想。

质地＋主料。以菜品质如酥脆、软烂、嫩滑等命名，如脆皮乳猪、脆鳝、滑蛋，带给消费者触觉、味觉双重刺激。

外形＋主料。将菜品形态以形象的词汇表述出来，如葵花豆腐、橘瓣鱼氽、寿桃编鱼、小鸟明虾，让消费者看到这些文字就能立刻感知到菜品的样子，激发想象力，提升期待感。

器皿＋主料。主料前加盛具命名，如瓦罐鸡汤、铁板牛柳、冬瓜盅。需要注意的是这个命名法对菜品的盛具有要求，盛具或精美或有特色或与众不同。

人名＋主料。在菜名前加上特定人称，如麻婆豆腐、宫保鸡丁、外婆小炒肉，给消费者一种亲切、怀旧又温暖的感觉，比较适用于普通家常菜。

地名＋主料。如果一道菜在某个区域是名菜，就可以将地名列出来，如北京烤鸭、西湖醋鱼、闽生果（福建式干果名肴），这种命名法清晰地标明了菜肴的起源地，能够有效地增加"地道感"。另外地名也可以是食材的出产地，体现餐馆选材的用心及品质保证。

当然除了以上的基础命名方式，你还可以组合创新，如豆豉扣肉、咸鱼蒸肉饼——调料＋技法＋主料；雪花糖醋里脊、金汤酸菜龙利鱼——外形＋口味＋主料；铁锅炖大鹅、石锅拌饭——器皿＋技法＋主料……其要点，找出菜肴中最鲜明的特点，然后用形象美好的词汇描述出来。

写实命名法是每一个餐饮人都应该掌握的，命名难度低，信息内容直白，消费者一看就懂，不容易出错。

● 寓意命名法

写实命名法虽然比较简单，但有时也会显得太过普通，且很容易雷同，因此，当你掌握了写实命名法，此时便可以升级到寓意命名法，以此更好地凸显产品的品质、趣味、文化内涵，让菜品看上去更像一个作品。

如庭院人家招牌美食"红煨拆烩朱桥甲鱼仔"，精选上等小甲鱼，辅以醇厚老鸡、猪蹄等优质食材，经过精心烹制，直至入味透彻。在命名上，以主料"甲鱼仔"中的"甲"字为点睛之笔，融合其奢华的配料，赋予其"富甲天下"的美好寓意，令人品味之间，仿佛置身于富贵繁华的梦境之中，满足之感油然而生（见图1-16）。

图1-16　庭院人家招牌美食"红煨拆烩朱桥甲鱼仔"

这里总结了八种寓意命名法。

一是附会典故传说。将菜品与历史典故、神话传说相结合，如舌战群儒、霸王别姬、东坡扣肉，在菜品中引经据典，赋予菜品神秘感、品质感和文化内涵。

二是借用古典诗词。在浩渺的古诗词中汲取灵感，为菜品命名，如满江红（鱼头豆腐汤）、为缘春笋钻墙破（鞭笋）、桃花源糖醋里脊，以此为菜品添上一层高雅、古典的气息。

三是模拟实物造型。用菜肴构图的艺术性来命名，如龙船送宝、金鱼闹莲、孔雀迎宾、游龙戏凤，使得菜品如诗如画。

四是镶嵌吉祥数字。在菜品名称中镶嵌数字，如一品燕窝用一品来凸显菜肴的名贵高级，三元白汁鸭取三元吉祥之意，四喜丸子借助人生四大喜事意为祝人吉祥。

五是巧用珠宝名称。用珠宝给菜品命名，如水晶鸭、翡翠虾仁、金羹玉脍，珠宝奢华美丽，与菜肴结合，可为菜品增添高贵、典雅之感。

六是借用修辞手法。通过形象的比喻、夸张等手法描述菜品的口感或外观，如珍珠汤、掌上明珠、鸳鸯戏水，引人联想，给人以清新脱俗之感。

七是创意拼写命名。结合当下社会通过创意拼写来吸引消费者的注意力，如将"鸡肉"拼写为"汗流浃背的鸡"，将"排骨"拼写为"爱的排骨"，让人感受到菜品的趣味性。

八是融合美好祝愿。强调幸福美好的祝愿，如鲤鱼跳龙门、早生贵子、全家福，这种命名法比较适用于宴席菜单。

需要注意的是，采用寓意命名法时，要保证其与实际味道和特点相符，最好能在名字后面补充写实命名法，在方便消费者选择的同时，避免给消费者留下虚假宣传的感觉。

另外，不管是写实命名法还是寓意命名法，名字都不宜过长，最好控制在八个字以内。在短时内人的记忆是有限的，过长的名字会增加消费者的记忆难度，容易被遗忘。如果想让消费者复购，尽量精简菜名。好听、好看、好读、好记，始终是起名的核心标准。

需求导向，产品+定价=心智+占位

价格是产品价值最直观的体现，定价也是做产品最重要的环节之一，甚至一定程度上定价就是定策略、定生死。

一般我们是怎么定价的？

根据成本、盈利比来定价；参考竞品价格，你定 8 元，我就定 7 元或 9 元，你定 50 元，我就定 49 元。这是最常见的成本导向定价法和竞争导向定价法。

成本导向定价法，是以餐饮产品的成本为基础，再加上一定的利润和税金而形成价格的一种定价方法。

竞争导向定价法，是根据市场竞争状况确定商品价格的一种定价方式。主要以竞争对手的价格为基础，与竞争产品价格保持一定的比例。

但是我不推荐成本导向定价法和竞争导向定价法。"用户餐饮时代"，必须在学会平衡成本、预期利润与消费者关系后，根据需求定价。

需求导向定价法，又称顾客导向定价法，是指餐饮企业根据市场需求状况和餐饮消费者的不同反应分别确定产品价格的一种定价方式。

那么，需求定价法如何操作呢？

●定价在核心人群的心理价位

每一个产品在用户心目中都有"大概"的价格，每一个消费者对产品需求不同，都有不同的心理价位。

比如一线城市，正常的白领快餐客单价大多在30—50元；50—70元则属于高级快餐，或者是一线商圈一顿快餐的价格，而超过70元则奔着正餐去了。这不同的价格区间背后是消费者对快餐的不同需求：30—50元，消费者的需求是好吃、量足、方便携带等；50—70，元消费者的需求是营养、健康、美味等。

此时，如果你开普通快餐店，客单价定位在30—50元这个档位最好，能覆盖最广的人群；如果你开的是精品店，客单价则要定位在50—70元这个档位，通过略高的价格彰显品质，体现出差异化，锁定追求快餐品质的消费者。其中50元是一个非常重要的心理门槛，是消费者心目中普通快餐和高级快餐的一道"分水岭"。

当然，快餐是"综合性"的，是一个品类，这里的定价更大程度上是客单价定位，不过具体产品定价也是如此。

比如汉堡，一个汉堡多少钱？十之八九的人会回答20元左右，这个价格就是消费者的心理价位，超过这个价格，消费者就会觉得贵。

因此，具体产品定价时，一定要将成本定价、竞争定价和需求定价结合起来。一般来说，核心产品的定价，通常要比消费者心理价位略高，利润产品和引流产品，与竞争对手的价格差不多。

不管是客单价定位还是具体产品定价，都需要分析所要服务的核心人群的心理价位，抓准心理价格区间。

●"价格双峰"理论

如果你将产品的销量和价格用走势图的形式画出来，你会发现，经常出现销量在不同价格区间的"双峰"分布，且低价区的销量峰值高于高价区的销量峰值——这就是"价格双峰"理论。一流的餐厅，其菜品的价格也会形成这样的两个峰值，

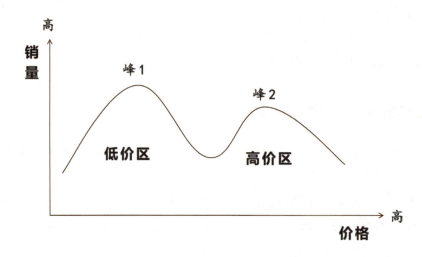

图1-17 "价格双峰"示意图

且不同的峰值带给消费者不同的感受（见图1-17）。

峰1，主要让消费者对餐厅的感知是便宜实惠，定价通常低于客单价。

峰2，主要是提高客单价，增加营收。

具体如何操作呢？举个例子，如果你的客单价是30元，想要让消费者感觉到便宜实惠，处于第一波峰的菜品定价就要低于客单价30元，同时拥有最多数量的菜品，引流产品、流量产品、利润产品通常出现在这一波段。而第二个波峰，菜品价格要高于客单价，核心产品、口碑产品多出现在这一波段，菜品的数量略低于第一个波峰。

价格双峰能够很好地帮助你动态地平衡客单价和具体产品价格。

而客单价一定程度上反映着消费者对某一品类产品的心理价位。比如面店，你愿意为一碗面花多少钱？一碗面，外加小菜，大部分人的心理价位在人均30元左右。此时你的客单价定位便是30元，合理的"价格双峰"便是以30元为标准布局。但是你发生了偏移，客单价达到了50元，如图1-18所示，黑色虚线是理想的价格带，橙色实线是你的现实价格带，那么消费者的感受就是贵，性价比低。

此时，你该怎么做呢？重新审视产品结构，将波峰1的菜品数量下调，同时提

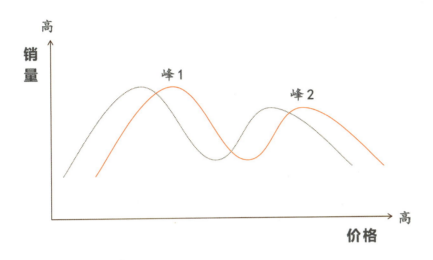

图1-18 价格双峰偏移

高前面价格带的产品数量，波峰2的调整也是如此。

而对于没有形成波峰或者只有"单峰"的餐饮企业就需要重新对产品进行梳理。

另外，这个模型也可以用来描述具体产品的定价，其参考标准便由客单价变成用户的心理价位。通常，利润产品和引流产品，与竞争对手的价格差不多，甚至略低于用户心理价位，形成峰1，核心产品定价通常要比消费者心理价位略高，形成峰2，具体操作则要根据你的实际情况进行。

好产品＋好定价，等于在用户的心智中占据了一席之地，自然会有好生意、好利润，而任何的价格都要有"科学依据"，都需要你花时间、花力气去学习、研究、调整。

鲜明可见，重点产品包装

一道菜，演员在餐桌前给你表演它的前世今生，吃起来是什么味道？

2023 年 7 月，全感官沉浸式戏剧晚宴《南柯》在北京完成首演。

入场消费者，戴上面罩，饮下"穿越水"，由引领者带领步入一个神秘空间，进入"南柯一梦"的寻味之旅。当音乐响起，卸下面罩的那一刻，演员就在消费者身边，一段段历史画面徐徐展开，随之而来的是与之有关的美食。

在这场以梦为引的《南柯》时空中，《南柯太守传》《迷楼记》等唐人传奇、稗官野史的历史故事缓缓道来，同时穿插着三套鸭、"落雨观琼花"等经典淮扬菜的呈现。时空穿梭，消费者吃到嘴里的菜也多了不一样的味道，味蕾感受到了属于自己的"南柯一梦"。

这是一场极致的美食盛宴，也是一场极致的产品包装，味道、声音、音乐、表演、文本，交织呈现。

所以，当提到餐饮产品包装时，不能简单地理解为将"产品装起来"，它是对美食的装潢，也是对餐饮文化的展示。具体来说，餐饮产品的包装有形式包装、附加值包装及外卖包装设计。

● 形式包装

产品形式是菜品上桌那一刻带给消费者的直接感官体验，体现在形、器、量、价等方面，而形、器本质上就是摆盘设计。

2014 年，亚太经合组织（APEC）晚宴菜单曝光，盛世牡丹烤鸭是"全聚德"推出的一道特色菜，片鸭师用 16 片鸭肉片组成国花牡丹，配以丝瓜苗做成枝叶，盛放在印有"全聚德"印章的定制鸭盘中，整道菜雍容华贵，栩栩如生，令人惊叹不已。今天这道菜也成了很多食客到全聚德的必点菜之一。

因此摆盘是产品最重要的包装，可起到烘托陪衬、画龙点睛的作用，能够更好地彰显菜品的魅力。摆盘设计有两大要点。

一是形。通过不同的摆盘形式打造不同的食物造型。场景的摆盘形式有分隔摆盘、圆柱摆盘、放射状摆盘、线条式摆盘、平面摆盘、花式摆盘等。做造型时，配饰的选择最好与菜品有关联，这样看起来会更为和谐（见表 1-2 和图 1-19）。

表1-2 中餐常见的6种摆盘形式

分隔摆盘	将不同味道的原料或菜品放在同一盘的不同隔断中
圆柱摆盘	将食物放在盘中呈圆柱形状,主体美观且整洁
放射状摆盘	放射开的图案更显整齐,有统一感且主次分明
线条式摆盘	用线条来引导食物的摆放,可以制造出纵深感和视觉引导的效果
平面摆盘	重叠平铺于容器之上,适用于片状冷餐
花式摆盘	它利用各种线条和形状的组合,使菜肴看起来更加生动和有趣,通常用于摆设创新型菜肴或特色菜肴

图1-19 庭院人家菜品造型设计

二是器。不同大小、形状、材质、颜色、花纹的器皿要与菜品相适应，并与摆盘协调，还可根据菜品需要，增加干冰、火焰等特色内容。这里要注意颜色搭配，菜品本身比较繁复、颜色鲜艳，要选择形状简洁、颜色素雅的盛器，如菜品本身比较寡淡、颜色单一，就可以选择形式感强、造型独特的器皿（见图 1-20）。

图1-20　庭院人家不同菜品不同器皿运用

份量也是产品形式的一个重要组成部分，不同的份量会带给消费者不同的感受，份量大通常给消费者的感觉是实在、实惠，份量小而美，消费者会觉得更精致。

价格也是产品形式的重要组成部分，是消费者十分直观的感受。价格包装，最常见的便是多以"××.99"这样的尾数定价方式展现。

● 附加值包装

附加值是产品实体的外延，体现在产品故事、制作表演、仪式感、产品理念等方面的展示或演示，主要是为了让消费者在享受美味的同时，也享受到极致的用餐体验。

如前文《南柯》案例中的戏剧＋历史故事＋美食；盛世牡丹烤鸭现场片鸭制作，厨师还将餐盘端起以 45 度角向在场的嘉宾展示；旺顺阁鱼头泡饼的上鱼头仪式……

如果说餐饮产品形式包装需要厨师下功夫思考、制作，那么附加值包装更多的是需要营销人员去挖掘美食背后的文化、故事，结合产品理念、消费者体验，进行包装和设计。

● 外卖包装设计

随着外卖越来越成为人们不可或缺的就餐方式，外卖包装越来越成为就餐体验的重要因素。一个好的外卖包装，不仅能强化品牌，还能提升就餐品质的心理暗示，能够引发自传播和口碑传播。

餐饮外卖包装设计需要考虑以下几个方面。

一是实用性。外卖包装需要具有实用性，方便消费者携带和使用。因此，在设计外卖包装时，需要考虑消费者的使用体验，尽可能地简化包装结构。

二是安全性。易洒漏、易破损是外卖包装的两大痛点，包装材料应该选择密封性好、防水、防漏的材料，同时也要注意避免使用过于复杂或易损坏的包装结构。

三是环保性。随着环保意识的提高，越来越多的消费者开始关注外卖包装的环保性，需要考虑使用可回收利用或可降解的材料，让美食与环保并驾齐驱。

四是品牌特色。外卖包装也是品牌形象的一个重要组成部分，需要考虑品牌的特色和风格，使包装能够与品牌形象相符合，增强品牌的认知度和辨识度。

五是美观性。外卖包装也是品牌形象的一个重要展示，可以通过精美的设计、鲜艳的颜色、有趣的图案等手段，吸引消费者的注意力，以提高品牌形象和吸引力。

餐饮产品的包装是一项综合性的工作，需要从多个方面入手。精心的包装设计和管理，能够提升产品的价值感和吸引力，让消费者在享受美食的同时，也感受到产品的独特魅力和文化内涵。

历史可尝，产品创新的三个层级

菜品创新对餐厅的重要性不言而喻，那么，你会如何去研发一道新菜品？

有的人以消费者的喜好为主，改进口味（这自然没错，但是维度过于单一）。有的人紧紧盯着市场，市场什么火就跟风做什么。有的人升级配方，改进用料，精益求精……

关于产品研发，我们也总能看到"跟风版本""消费者偏好版本""厨师版本""配方版本""老板喜好版本"等，但这些版本也只是停留在产品创新的初级阶段。

产品创新背后有着一整套逻辑，从目标到层级指导方法，都需要我们深入了解和学习（见图1-21）。

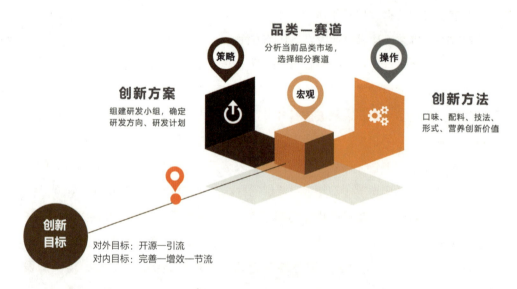

图1-21　餐饮产品创新系统

● 明确创新目标

为什么要做创新？很多人的第一反应便是"引流"二字，这也是很多餐饮人创新的初衷。可是这两个字太笼统了，很容易导致跟风现象。你只有将目标细化，才能找到正确方向。

一是对外目标。开源—引流，从产品的品类、场景或消费者出发，去进行产品开源，以吸引消费者，增加复购率。

二是对内目标。或完善，或增效，或节流。完善产品结构，引入引流产品或利润产品；增加产品制作效率，技法改进，减少现有产品制作时间，菜品出餐每减少30秒，效能就会增加；节流，原料改进，节省成本，并不损害菜品的风味和口感。当然，你如果能将这三个目标兼顾最好。

明确了目标需求便要做精，不同的目标需求创新的方向也不同。如外卖店，产品满足的是解馋这个刚需，产品创新要以增效为先，而不是去追求极致的口味。

方向不对，努力白费。创新目标模糊，单纯为了创新而创新，成功的概率非常小。你也只有清楚自己的创新目标，才能做出最适合自身的创新产品。

● 产品创新的三个层级

目标有了，是否就可以马上开始产品创新了？不，你还得清楚产品创新的3个层级——宏观层面、策略层面、操作层面。

1. 宏观层面：品类 + 赛道

思考你的产品所处的品类，分析当前品类市场，结合自身的情况，决定投入哪个细分赛道，或者直接开辟一个新赛道。

需要注意的是，创新赛道的选择不能太偏离自身的产品定位，创新产品不能与品牌不符。如你本来是做酸菜鱼的，结果跟风去研发网红小吃等与自身产品、品牌不相关的产品，给人的感觉便是"铁匠卖大饼——不务正业"，会伤害到消费者对你的产品、品牌认知。

2. 策略层面：制订创新方案

立足原型产品、风味、现有消费场景进行创新，给出创新方案。

那么方案如何制订？产品创新不是厨师或老板的"一言堂"，需要你组建研发组，集合更多人的智慧。

餐饮产品创新想要保证质量和创新价值，70% 取决于研发机制。你需要成立研发小组，确定研发方向、制订研发计划、组织研发（见表 1-3、表 1-4）。

表 1-3　研发小组组织架构及职能

组织架构	职能
行政组	负责研发组织和整体策划
参谋组	提出建议或者参与讨论
技师组	负责具体的研发操作，由内部技师、外聘技师组成
督导组	依据研发目标负责研发过程的监督

表 1-4　研发小组功能及具体要求

功能	具体要求
确定研发方向	综合参考市场、品牌、消费者、竞争对手及季节性等因素，最终确定研发方向，并且每一个研发周期都要设定创新主题
制订研发计划	每个周期调研市场需求，根据消费者需求来研发，这样才能保障产品研发的时效性和有效性
组织研发	包括研发激励、研发规则、研发过程监控和研发结果评定等

最后再提一下数值化，也就是产品标准化、量化，包装、风味等数值化。比如

肯德基的香辣鸡腿堡。如果想要单纯靠辣椒多少来衡量辣度，保证产品风味是很难的，需要将辣椒里面决定辣椒颜色的辣椒红、决定辣度的辣椒油等物提取出来，再添加到产品中，这样才能避免汉堡辣味不均衡的问题。因此，在制订产品创新方案时也应将数值化考虑进去。大部分餐饮企业会将生产配方直接交给代工厂，没有具体规划到数值层面，这很容易出现成品不符合预期的情况。

3. 操作层面：多方面创新

操作层面的创新方法，可以从以下这几个方面去实现。

一是口味创新。对口味进行深入的研究和探索，如尝试将不同地域的口味进行结合，创造出新的口味，或者在原有口味的基础上，进行改良和提升。

二是配料创新。尝试使用新的配料或者改变原有配料的比例，以创造出新的菜品。如在烹饪蔬菜时，尝试添加一些坚果、果干等配料，以增加菜品的口感和营养价值。

三是制作方法创新。尝试使用新的制作方法或者改变原有制作方法的步骤和流程，以创造出新的菜品。如烹饪肉类时，尝试使用低温慢炖的方法，以增加肉质的柔嫩度和口感。

四是色彩和形状创新。尝试使用新的食材或者改变原有食材的形状和色彩，以创造出新的菜品。如在烹饪水果时，尝试将水果切成不同形状的花瓣或者雕刻成不同的图案，以增加菜品的视觉效果。

五是营养价值创新。以尝试增加菜品的营养价值，例如增加蔬菜的摄入量、减少油脂的使用等。

菜品的创新方法也是多种多样，除了上面列举的这些，还可以将传统菜肴现代化、现代菜肴古典化、餐馆菜肴大众化、大众菜肴标准化、家常菜肴技术化、外地菜肴本地化、外国菜肴中国化、中国菜肴标准化等。拿庭院人家菜品来说，我们也可以西餐中做（如芝士烤红薯）、老菜新做（如生拆龙虾蟹粉麻辣豆腐）、粗菜细做（如韭菜丸子）、细菜精做（如庭院头道菜）、精菜妙做（如河蚌斩肉）、素菜荤做（如大煮干丝）、高档菜简单做（如海参乌鱼蛋汤）等。总之，菜品创新方法需要从多个方面进行实践和探索，需要不断尝试和改进，只有这样，才能创新出既美味又健康的菜品。

产品创新需要一套严密的创新逻辑，不是为了创新而创新，要找到契合餐厅实际情况的创新方向、方案和方法。有人只在上菜时下功夫，有人却在上菜之前做足了功夫，这便决定了菜品在消费者心智中是昙花一现还是绿树常青。

食物可感，入心的产品传播方案

出品系统里最后一个环节是产品传播，毕竟产品制作出来，最终的目的是让消费者知道和喜欢。但是很多餐厅推广新品时没有预热，也没有包装宣传，一道菜毫无征兆地出现在餐厅，最后导致无人问津。

如果说产品创新是为了让消费者持续喜爱你的产品，那么产品传播就是给消费者时间爱上你的产品，这就需要你去制订产品传播方案。一个好的产品传播方案通常包含以下三个环节。

●包装——颜值和内涵并重

这里的包装便是前文所说的产品包装，与娱乐圈包装明星的道理是一样的。

具体方法上文已经讲过，这里不再赘述，只强调一点，菜品一定要秀色可餐，菜品图片一定要有强大的视觉冲击力，让消费者看了就有购买的冲动。如果第一印象不突出，消费者很难再给你机会。

另外，文案也是包装的重要内容之一，是产品介绍的骨架，通过有趣的名字、有料的故事、有内涵的背书，为菜品打造"个人IP"，全方位地塑造菜品的立体形象。

如巴奴火锅熊猫笋的文案："春雷后第一拨鲜笋，鲜甜多汁，大熊猫最爱吃。"让熊猫为这个笋最高级别的品质背书，消费者看到这样的文案，怎能不跃跃欲试？

产品包装和塑造，是由外观到文化价值逐步附加的过程，也是你强化品牌主张的机会。

●品鉴——小部分关键的人先吃起来

菜品成型推出前的品鉴（试吃）十分重要，这期间出现的建议会是产品迭代的基础，也能更好地贴合消费者的需求。

品鉴的群体大体可以分为三类。

一是内部品鉴。从后厨到运营的角度出发，带来的意见是不同的。

二是目标客户。开启小范围试吃，收集他们的意见。

三是美食达人。美食界的意见领袖、有影响力的美食博主等，他们有着足够的粉丝流量，也知道如何利用舆论发酵给菜品造势。

其作用是用挑剔的舌头来给菜品提出优化意见，积累话题和素材为后期宣传作铺垫。也唯有将不同群体的意见收集起来，综合给出最优解决方案，才能正式推出。

● 推出——宣传和研发一样重要

通过上面的品鉴，将菜品色香味做到标准化，并达到稳定出品要求，便可以正式推出，此时一定要如重视研发般地重视宣传，这样菜品才能在消费者心智中占据一席之地。

此时，要备足宣发成本，从传单到短视频，做到线上、线下全方位宣传，用各种方式吸引流量。店面的海报、菜单、桌牌、服务员，都要成为"宣传渠道"，当整个餐厅所有空间都在展示你所推广的菜品时，消费者在视觉、听觉、味觉等方面就会受到强烈的刺激，便会产生消费心理暗示。需要注意的一点是，不管是媒体还是店面，菜品的优惠信息，都要醒目。

当有了足够多的流量、足够多的消费者愿意尝试时，你便能够获得更多的反馈，并为餐厅带来口碑。

另外，除了餐厅自己传播，你还要懂得引导消费者一起传播，朋友圈集赞，抖音、小红书、微博送优惠券、制造话题……如果能在一定范围内带来刷屏式效果，你的产品上市基本已经成功。

当然说起来容易，做起来难，比如具体平台如何操作、如何引流、如何经营自己的用户群……这些都大有文章，并涉及餐饮运营内容，我会在本书第四篇运营推广中详细为大家介绍。

最后为这一章内容做个总结：成功的产品绝非来自偶然，都遵循了一定的规律，并集合了结构设计、创作设计、名字设计、定价设计、包装设计、创新设计、传播设计，具有高价值、高颜值、高传播的特点。

第二篇
环境营造

照天性来说，人都是艺术家。他无论在什么地方，总是希望把"美"带到他的生活中去。

——高尔基

第一章

审美时空——"吃"是一场时空体验

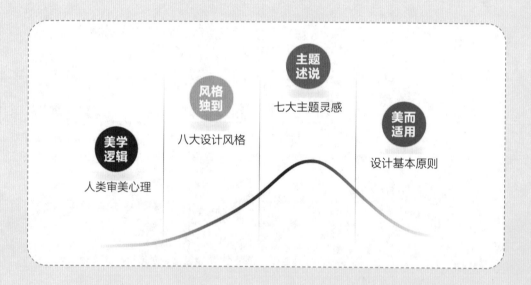

注重美学逻辑，以知觉为基础；风格主题突出，文化艺术流淌；遵循设计原则，关注功能和体验——餐饮空间设计与艺术紧密相关。

人与社会，空间设计的美学逻辑

当人们步入一家餐厅，首先映入眼帘的是什么？是它的空间设计。首先感受到的是什么？是空间设计所带来的用餐环境是否优美、舒适、愉悦、独特。

对于消费者来说，除了关注一家餐厅食物的口味，它的环境是否令人赏心悦目，美得高级不高级，会是他们是否选择这家餐厅的重要考虑因素。所以，餐饮设计不仅要考虑功能，也要有美学的追求，并以此创造出富有情感和品位的用餐环境。

知名学者汪民安在《身体、空间与后现代性》中提及："空间从来不是一个与社会无关的自然事实，相反，它是社会和实践的产物，是历史的产物。"我认为不管是什么类型的空间设计、餐厅设计，第一一定是符合人的审美心理。而人类美的逻辑和美的心理是不断进化且有规律的，都是人类自身、人类社会演进的结果。

● 人类自身，美学偏好起源生命存续

美从何而来？从人类的感知而来，美是人类感知外部环境的审美需求。

早期，人类洞穴生存，依赖火，于是喜欢光明，厌恶黑暗；植物是人类的主要食物来源，人类会通过食物的颜色去判定某一食物是否更好食用，于是喜欢红黄，讨厌青涩；尖叫是动物危机时发出的警告信息，而音乐与闲暇的风声、流水声接近，于是人类享受音乐，讨厌尖叫……人类的视觉、嗅觉、味觉、触觉、听觉都是对外界环境的感觉体验，并有着独特的心理偏好，这是刻进人类基因的东西，也是人类审美的心理基础。

然而，随着人类社会的发展，审美开始因文明受到地理环境和人文思想的影响，出现了明显的分化。

● 人类社会，美学"分形"演化

人类进入农耕时代，器具应用、植物种植、牲畜圈养……人类正式迎来掌控地球的时代。这个时代审美在生命存续的基础上，开始因地理环境、资源差异、人文思想等影响，呈现出明显的分化，出现了不同文明，体现出总体相似而细节又极大不同的"分形形式"（见图2-1）。

图2-1 科赫曲线

底层审美犹如科赫曲线 ❶ 一样，由一条（生命存续）基本的规则来影响审美的走向进化，随后因为各地的自然条件差异，导致生产方式改变，最后影响文化氛围的禅意，进而对审美产生了裂变和分离，最后落地在文字、绘画、建筑、雕塑等差异化表现上，如四大文明古国（见图2-2）。

中国
生产方式：农耕
文字类型：汉字
书写材料：龟甲、竹简、绸布
艺术特点：精美—青铜器，漆器、丝绸
建筑材料：木材

古印度
生产方式：农耕
文字类型：印章文字、梵文
书写材料：铁笔、树皮
艺术特点：多层次—绘画、雕塑
建筑材料：石材

古巴比伦
生产方式：农耕
文字类型：楔形文字
书写材料：泥板
艺术特点：华丽—浮雕、神殿
建筑材料：黏土

古埃及
生产方式：农耕
文字类型：象形文字
书写材料：纸草
艺术特点：恢宏—金字塔、方尖碑
建筑材料：石材

图2-2 四大文明古国审美分化

---

❶ 科赫曲线：一种像雪花的几何曲线，所以又称为雪花曲线，是分形曲线中的一种，由于其自相似性和分形维度等特点，科赫曲线可以被用来生成自相似的几何图形。

工业革命后，世界各个文明交流和冲撞加剧，尤其是全球商业发展、工业化以及受到互联网时代的冲击，带来人类生产方式的变革，对全球人类生活产生了巨大的影响，工业之美、商业之美、计算之美、元宇宙之美……人类美学丰富多彩（见图2-3）。

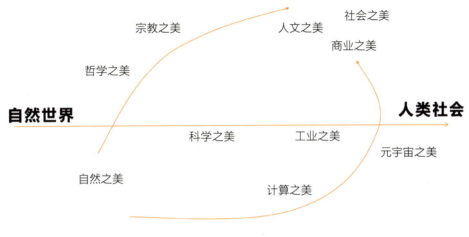

宗教之美　哲学之美　人文之美　社会之美　商业之美

自然世界　　　　　　　　　　　　　　　人类社会

科学之美　工业之美　元宇宙之美

自然之美　计算之美

图2-3　人类社会"美"的演化

不同美的类型有着不同美的追求：哲学之美，追求终极，厌繁喜简；宗教之美，通达普世；科学之美，客观而标准；工业之美，精密设计，着眼细微；计算之美，丰富多彩，新奇体验；元宇宙之美，无限想象，灵魂欲望；商业之美，创造价值；人文之美，文化精华，人文情怀；社会之美，和谐统一。

"仓廪实而知礼节，衣食足而知荣辱。"今天物质的丰富，人类一方面没有了"生存"危机，却依旧留存着生命存续的审美印迹；另一方面自然而然地展开对精神与审美的更多追求，美的内涵、形式越来越多元丰富。在空间设计领域，这意味着空间美学价值占据了越来越大的比重。所以，餐厅设计要在宏观上，从人与社会的角度进行审视。

从人类自身角度看，美是以知觉为基础的。知觉是人类感知世界的方式，也是欣赏艺术和体验美的重要途径。美的事物和现象也总是形象的、具体的，总是凭借着感官可以直接感受的。千姿百态，形象迥异的任何事物，都容易引发人们的兴趣。餐厅设计要研究色彩、音乐、形状、光线等感官元素在美的产生中的作用。

从社会角度看，美是普遍的，蕴含着人类对美的共同感受和理解，通过比较不同文化和时代的艺术作品，寻找共同点和普遍的美的特征。餐厅设计更要懂得运用艺术的特征，通过形式、色彩、构图、意境等方面的设计让更多的人感受到丰富的内涵和审美价值。

只有融合了人和社会两个角度，你的设计才能给人强烈的情感共鸣和价值感召力。当你明白这个逻辑时，你就能更好地去设计你的餐厅。

各有千秋，餐饮空间八大设计风格

通过上一节的介绍，你知道了人类美学逻辑，人类对美的感知和感受也随着人类社会的发展，呈现出不同的范畴及特质，落地在文字、绘画、建筑、雕塑等差异化表现上。餐饮空间设计的风格和流派与之紧密相关，以相应的建筑、艺术造型、家具风格，甚至文学、音乐等风格和流派为其渊源。

如庭院人家的"庭院餐厅"作为一种新兴的餐饮形式，受到越来越多的人喜爱，不同的装修风格给人不同的感受和体验。极简主义风格的庭院餐厅设计，通常采用简洁、清新的色彩搭配，给人一种简单、舒适的感觉。欧式古典风格的庭院餐厅设计，通常采用大面的雕花、繁复的线条等装饰元素，给人一种浪漫、奢华的感受。而庭院人家，则是中式古典风格的体现，取苏派建筑元素，旱船廊、流水、池、假山等，曲折蜿蜒，藏而不露；立足中国传统文化，注重传统元素的运用，如瓦片、寿山石、屏风、博古架等，以此营造出古朴、典雅的氛围（见图 2-4、图 2-5）。

图 2-4 庭院人家进门处设计效果图

图2-5 庭院人家包间设计效果图

餐厅的空间设计风格，是每个餐饮创业者必须考虑的问题。不同的风格能够吸引不同的消费者群体，更能够为餐厅带来不同的氛围和体验（见图2-6）。

图2-6 餐饮空间常见的设计风格

● 中式古典设计风格

古典风格一直是餐饮空间设计的一个主流方向，其本质是消费者对传统文化的认可。古典装饰风格有东西方之别。

中式古典设计风格，是一种以官式建筑装饰风格为主导的室内装饰风格。它展现出一种气势恢宏、壮丽华贵的氛围，让人感受到强烈的文化气息。此外，中国传统民居也是古典风格中不可或缺的一部分。比如皖南的徽派建筑、福建的土楼、云南一颗印等，这些建筑形式和装饰都有自己的独特之处，展现了中国传统文化的丰富多样性。

中式古典设计风格注重高空间、大进深的设计以及精雕细琢的装饰。在装饰材料上，木材是主要的选择，而图案则多采用龙、凤、龟、狮等象征吉祥的元素。整个设计思路清晰，逻辑严密，推理精确，让人感受到传统文化的独特魅力。

中式古典风格的室内设计，不仅需要我们在布置、线形、色调及家具、陈设的造型等方面下足功夫，更重要的是要吸取传统装饰中"形"和"神"的特征。如在设计中吸取我国传统木构架建筑室内的藻井、天棚、挂落、雀替等构成，以及运用古色古香的家具、屏风、博古架等装饰元素，都体现了中国人含蓄气质的独特魅力，及注重人与自然的和谐共生、追求内心的平静与安宁的生活态度。

● 欧式古典设计风格

欧式古典设计风格，是一种崇尚华丽、高雅的古典美学，以精致的装饰、浓烈的色彩、精美的造型展现出雍容华贵的装饰效果。

西方传统餐厅主要以仿罗马、哥特式、巴洛克、洛可可风格为主要设计表现手段。如巴洛克风格室内平面不会横平竖直，各种墙体结构都喜欢带有一些华丽的大曲线，采用曲面、断檐、层叠的柱式，追求形体的变化和层次感，光影变化丰富。而在房间和走廊上则喜欢放置雕塑和壁画，与整个空间融为一体，色彩鲜艳，惬意浪漫。

总体而言，欧式古典设计风格强调力度、变化和动感，以及装饰的综合性和立体感，石材拼花广泛应用于地面、墙面、台面等处的装饰，水晶吊灯、罗马帘、壁炉和西洋画也是欧式古典风格的典型元素。需要注意的是，这种风格适用于大面积房子，如果空间太小，不但无法展现其风格气势，反而会给人一种压迫感。

●自然主义设计风格

自然主义设计风格，是一种崇尚自然、追求本真的美学理念。它强调从自然中汲取灵感，注重自然色彩和自然元素的运用，让空间弥漫着自然的气息。

在自然主义风格的设计中，我们会看到大量的天然材料，如原木、石材、竹子、藤蔓等。这些材料以其本身的色彩、纹理和质感，为空间带来一种质朴、清新的氛围。而选择简单的材料是最基本的原则。在空间布局上，自然主义设计风格追求通透和开放。通过合理地利用空间，它将自然光与室内环境巧妙地融合在一起，让环境更加明亮、宽敞。在色彩搭配上，自然主义设计风格青睐那些清新、柔和，贴近大自然的颜色，同时，深色的木质元素则以它的深沉和古朴，为空间增添一份独特的层次感和深度。

总之，自然主义设计风格通过使用天然的材料、柔和的色彩和开放的空间布局，让消费者在喧嚣的都市生活中感受到宁静和放松。

●浪漫主义设计风格

浪漫主义设计风格，追求热情与奔放的空间意境，强调对细节的关注，从颜色搭配到家具选择，再到布艺装饰和墙面装饰，每一个环节都充满了浪漫的气息。

浪漫主义设计风格通常采用简约的线条和优雅的花纹，营造出温馨、宁静的氛围；选用精致的窗帘、柔软的抱枕、华丽的地毯等布艺品为空间增加柔美感；选择柔和的灯光，如壁灯、落地灯等，为空间增添浪漫氛围；摆放一些鲜花、书籍和音乐设备等，让空间更加充满艺术气息。

总体而言，浪漫主义设计风格追求有情调的灯光、有曲线的造型以及柔和的情感空间，让人感受到温馨与舒适。

●现代主义设计风格

现代主义设计风格起源于德国魏玛包豪斯学校，该学派倡导技术美学，强调科学合理的构造工艺，重视发挥材料的性能。

现代主义设计风格追求时尚与潮流，注重空间的布局与使用功能的结合。它以简约为主，强调设计元素、颜色、照明、原材料的简化，空间简洁、线条流畅、颜色纯净，简单而不简陋。

这种设计风格注重展现建筑结构的形式美，强调材料自身的质地和色彩搭配的效果，实现以功能布局为核心的不对称非传统的空间设计。

●后现代主义设计风格

后现代主义设计风格以反传统设计思想为指导，完全抛弃现代主义的严肃与简朴，探索创新造型手法，追求自由、个性和舒适。

后现代主义设计风格，不拘泥于传统的逻辑思维方式，常常运用夸张、变形、混合、叠加、错位的手法来表现独特魅力，将古典构件与现代元素巧妙地结合起来，创造出一种独特的视觉效果。同时，运用象征、隐喻等来表达更深层次的文化内涵和情感价值，关注人的需求和情感，追求充满人情味的室内空间。

总体而言，后现代主义设计风格是十分前卫的风格流派，追求异常的空间布局、奇特的造型、浓重的色彩、变幻莫测的灯光效果，用空间与现实的差异化寻求刺激，力求超越现实的一种空间体验。

●工业设计风格

工业设计风格源于工业革命后的欧洲，当时的生产方式从手工制作转向大规模工业化生产，因此，工业设计风格崇尚"机械美学"，强调使用新材料和新技术，进而达到简洁、实用的目的。

在工业设计风格中，常常以建筑形体和室内环境为表现载体，在室内暴露梁板、网架等结构构件以及风管、线缆等各种设备和管道，运用几何形状、线性元素和流畅的线条来创造出一种简洁而现代的外观，以充分表现工业结构意境，使其更具工艺技术与时代感。

需要注意的是，这种设计风格，材料的选择和构造的合理性至关重要。要选择耐用、易于维护的材料，并精打细算地考虑到产品的使用环境和使用寿命，以确保产品能够满足用户的需求，并且在使用过程中保持安全和可靠。

● 极简主义设计风格

极简主义设计风格是一种基于"简化"和"精简"的设计风格。

20世纪20年代，德国建筑大师路德维希·密斯·凡德罗提出"少即是多"的经典论断，主张去除多余的繁杂的装饰，强调功能性。但它绝不是简单如白纸般的索然无味，而是通过简化室内的装饰等要素去体现空间的张力，是一种崇尚简洁、追求实用与美感并存的空间设计。

在极简装修风格中，通常运用最纯粹的线条和最简单的装饰元素，打造出独具魅力的空间，给人一种更为纯粹、美好的体验。

当你明白各种设计风格时，便要懂得结合自身的餐厅业务定位、消费者需求，选择合适的设计风格。不同类型的餐饮空间也会有不同的设计风格偏好，如中餐宴会厅、西餐宴会厅，中式古典设计风格和欧式古典设计风格都是很好的选择，经典复古，庄重典雅。小型综合餐厅，可以吃饭，也可以在下午茶时间享受咖啡、茶和甜点，这类餐厅凸显的是休闲、情调，自然主义设计风格和浪漫主义设计风格会是不错的选择。快餐店，客流量大、用餐时间短，消费者对其诉求是节省时间、方便快捷、干净卫生，现代主义设计风格、极简主义设计风格会是很好的选择。

餐厅空间设计，不仅是一门艺术，更是一种生活态度。它不仅关乎餐厅的内外在形象，更与顾客的用餐体验息息相关。精心设计的餐厅空间，不仅能为顾客营造舒适、愉悦、独特的用餐环境，而且能赋予餐厅品牌更多的文化内涵和吸引力。

主题述说，文化空间的七大主题灵感

随着中国餐饮业的发展，餐饮品牌定位不断多样化，餐饮空间设计也呈现出多元之势，并展示出鲜明的文化主题，以便更深入地展示自己的品牌调性和理念。如以技艺传承的传统美食，用中式古典设计风格，凸显悉心呵护传统的情怀；以东西方融合为特色的创新美食，以现代主义设计风格为基调，以当代视角再次开发……

不管是传统还是现代，在餐厅的基础功能上，通过有意识的设计手法打造独特的、个性化的空间环境，强化品牌形象，这样的策划和设计就是餐厅主题设计。主题也是一个餐厅独特风格直观且重要的体现。对消费者来说，步入一个主题鲜明的餐厅，便如"亲临"另一个世界，重温了某一段历史，了解了某一种文化。

不管是不是主题餐厅，每个餐厅都会有自己的主题创意和主题营造，都会运用各种手段来表现主题，借助特色建筑形式和空间设计来强化主题文化，进而塑造良好的用餐氛围，彰显品牌格调，述说品牌文化。

那么，餐厅的主题从何而来？它是基于传统文化、自然、地理、时代、口味、时尚等角度提炼出来的，因此餐厅主题设计可以从文化、自然、艺术、科技、生活理念、怀旧情怀、产品特色七个角度进行考虑（见图2-7）。

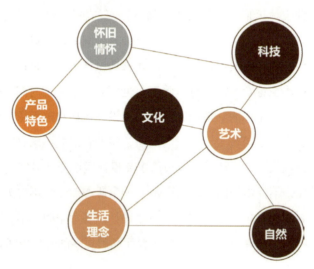

图2-7　餐饮空间主题设计七个思考角度

● 从文化角度考虑

根据不同国家和区域的文化特点，选择合适的主题及特色。

如中国名厨文化体验馆。它是我正在做的一个项目，位于淮安市淮安区河下古镇。我将地方美食文化博览与古镇特色民宿结合，旨在打造"美食品鉴+古风民宿"，集美食文化、住宿旅居体验、山水林庭休闲于一体的别样饮食空间。

"中国名厨文化体验馆"，基于中国传统文化的餐厅设计主题，呈现的是中国独有文化和传统，一步一景，景随身行，让消费者感受到江南的文化特色，为用餐增添风味和情趣。而从传统文化角度考虑时，也一定要考虑到餐厅产品的流派、传承、风格与文化要素相匹配（见图2-8、图2-9）。

这里我强调一点，不管时代如何发展，中式古典风格仍旧具备传承价值、无限

图2-8 中国名厨文化体验馆庭院设计意向图

图2-9　中国名厨文化体验馆庭院人家包间设计效果图

魅力，其间蕴含着中国人的生活智慧、文化秀美及工匠精神，使人们于厚重的文化中体悟古雅的生活。很多颇具特色的传统中式餐厅，如北京全聚德、杭州楼外楼、广州大福星，它们的风格传承蕴含着中国传统文化和地域饮食文化传承的使命，也是自身文化的时时追溯，真正践行着"潮流易逝，风格永存"的美学真谛。

● 从自然角度考虑

从自然界获得主题灵感。

自然界中富有各种奇妙形状的生物，如植物的动感线条、动物的抽象造型，都可以给你的餐厅设计带来灵动和生机。另外，大自然提供了丰富的多样景观，如山水之间的灵动缠绵、色彩斑斓的海底世界、繁茂湿润的热带雨林……你可以通过对自然景观的观察、分析、模仿，来创造出独特魅力的餐厅主题空间。

比如，海洋主题，通过空间蓝白基调、海洋装饰、海洋动物等，营造舒适惬意的"海中"用餐氛围。

● 从艺术角度考虑

从艺术角度考虑，以艺术为主题，将美食与艺术相结合，为消费者营造一个独特的艺术空间。

在餐饮空间设计中，艺术主题是基于艺术和创意的餐厅设计主题，使用一些艺术品来装饰餐厅，如精心挑选的精美画作，装饰着餐厅的每个角落，让人仿佛置身于一座流动的艺术画廊。也可以与当地艺术家合作，展示他们的作品。

不同的艺术品带来的效果也不同。古代文化中的绘画、雕塑、壁画等艺术形式，可以为空间设计带来历史文化底蕴和艺术气息。现代艺术家的作品常常涵盖了各种创新理念和独特的表达方式，借鉴当代艺术作品可以为空间设计带来现代感和前卫气息。

● 从科技角度考虑

科技与想象力的交融，可以描绘出一幅幅令人心驰神往的未来画卷，这就是科技设计的魅力所在。将高科技与美食文化的结合，为就餐体验带来了革命性的改变。

如失重餐厅、失重设备、太空探索、宇航员服务等高科技元素汇聚一堂，构建出未来世界中令人惊叹的场景和情节，展现出一个不同于现实世界的未来时空。再如元宇宙餐厅，虚拟现实、增强现实等高科技产品的应用，为餐厅提供了更多的互动性和未来感。

中国名厨文化体验馆项目，便是充分借鉴了科技的力量，在"名厨博物馆"推出虚拟翻书、触控大屏百厨图、翻勺体验、CAVE空间等新兴项目。其中CAVE空间将打造一张穿越时空的餐桌，在一个四面投影的半封闭空间当中，餐桌上的食物和周边环境会根据投影的播放内容发生变化，餐桌上的食物也将切换成美食代表，而墙面则投影各类美食制作过程，让观众来一场身临其境的"寻味之旅"（见图2-10）。

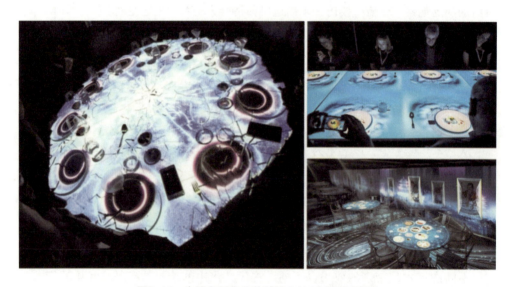

图2-10　中国名厨文化体验馆CAVE空间示意图

当今科学研究的进展，如基因编码、量子物理、数字技术等高科技产品的应用，都可以启发创造出独特的科技感空间，打造出如梦似幻的科技主题餐厅。

● 从生活理念角度考虑

当今年轻人的生活"以素为美、以简为美",生活理念简单却不单调,追求个性、自由与洒脱,同时又有着包容和试错。

不少餐饮品牌顺应这股潮流,结合自身时尚、个性的品牌定位,打造自然奢、轻奢主题。选择相应的设计风格,采用独特的设计元素、高级材料、简洁又精致的装饰等,将"奢侈"再造——简单化、个性化、品质化,从而呈现出独特的品位和轻松愉悦的用餐氛围。

● 从怀旧情怀角度考虑

每一段光阴都镌刻着人们过往的记忆,人们渴望时光穿梭,再触摸往日时光的温柔。越来越多的餐厅在不设限的混合风格中,集结复古色系、年代独特的艺术品、年代特殊物品,再现往日时空。

如以 20 世纪 80 年代为主题的餐厅,通过 80 年代流行的港台明星海报,粗放式标题、标语,手摇电话、录音机等特殊物件,复制 80 年代场景,让消费者在品味美食时,回忆过往的旧时光。如同 80 年代开放、躁动、粗放的文化底色一样,富有特色的复古装修风格,极具视觉冲击力,让消费者印象深刻。

● 从产品特色角度考虑

餐厅产品有着明显的独特特征,在装饰风格的基础上,增加"灵魂标志",凸显主题。

如川味火锅,主题设计以"辣"为主打,便可以随处可见"红辣椒"和"红"这样的典型元素,令消费者一进餐厅便有一股"辣浪"扑面而来。

餐厅设计主题的主旨在于主题文化的创意和营造,以上的这些思考角度都可以给予你主题灵感,而每个主题的选择都可以带来不同的氛围和个性。当然你也可以结合自身的情况,将不同的主题进行融合,创造出一个属于你的独一无二的餐厅设计。

美而适用，餐饮空间设计基本原则

随着人们生活的变化、饮食意向的改变以及个人生活品质的提升，消费者除了享用美味佳肴、享受优质服务，更希望获得全新的空间感受和视觉效果，希望能够获得一个与家、与公司不同的交流空间。餐厅不再只是一个提供饮食的场所，也可以是让消费者享受有形和无形附加值的艺术空间、文化空间。

那么，一个好的餐厅空间应该具有什么特点呢？

不管是从你自身经营角度，还是从消费者角度，一个好的餐厅一定是满足实用功能、满足精神需求、具有独特个性、满足技术条件，而这也是餐饮空间设计的基本原则（见图2-11）。

图2-11 餐饮空间设计的基本原则

●满足实用功能

不管你的餐厅空间是什么样的，设计风格如何，文化背景如何，彰显何种品位，都必须从功能出发。

餐厅是生产产品和销售产品的一个复杂综合体，一切的设计都是在此基础上的。所划分的空间大小、空间形式、空间组合，必须从你的生产和销售出发。要有满足产品生产的厨房、招揽顾客的门面、满足产品销售的大厅，以及其他配套设施如卫生间、更衣室、储藏室等，且功能协调方便，空间尺度合理。也就是说，餐饮的空间设计是在合理的空间布局上实现的，一切也都是为了更好地销售你的产品。

● 满足精神需求

在考虑功能需求的同时，还必须考虑精神需求（视觉带来的心理感受、社交需要、文化熏染、艺术感染），从而打造符合消费者需求的精神／情感交流空间，毕竟当今消费者来餐厅可不是仅仅吃一顿饭这么简单。

餐厅空间设计的精神需求需要影响人的情感，在进行设计时，必须研究人的认知特征和规律，研究人的情绪和情感，研究人与环境之间的互动——应用各种理论和方法来影响消费者的感情，使之升华，以达到预期的设计效果。如果空间设计能够清晰地表现出一定的意境和构思，那么它就会具有很强大的文化、艺术感染力，能够更好地发挥其在精神功能中的作用。

当今餐饮品牌发展是否成功，竞争的焦点便是把握消费者的心理活动，提高餐厅空间的精神功能，这也是餐饮业发展的灵魂。

● 具有独特个性

满足实用功能是基础，满足精神需求是发展灵魂，具有独特个性则是餐饮生命力的体现，餐饮空间设计特色是餐饮品牌取胜的重要因素。

文化、艺术的魅力不是千篇一律的，餐厅文化也需要打造与众不同的文化，其精髓便是风格、主题鲜明。鲜明的风格和主题是餐厅最直观的个性体现，可以向消费者直观地表达品牌的核心思想和经营理念。餐厅空间营造以及室内装饰也都围绕风格、主题进行，所有的装饰设计都是为了唤起这一风格和主题喜爱者的认同，通过心理上的认同进而吸引他们前来消费。

另外，我国是一个领土广袤的多民族国家，不同地域、不同民族的风俗习惯和文化都存在着差异，这本身就是彰显个性的文化摇篮，设计应充分考虑民族和地域特色，给消费者带来亲切或新奇的独特体验。

●满足技术条件

餐饮空间设计艺术不是空中楼阁，需要将艺术与现实条件、技术条件结合起来，更好地满足功能需求和精神需求。

就客观的物质环境来说，如采光，在设计中考虑自然光和通风；如材料，选择易清洁和耐用的材料，可以减少日常维护和清洁的工作量；如可持续和环保问题，选择环保材料和节能设备，减少能源消耗和废物排放；如 AR、全息投影等现代数字技术的运用，要考虑设备的安置、装饰……

这里强调一点，当今时代，技术和创新是不可或缺的因素，不仅可以通过现代科技手段为餐厅提供便利和创新，还可以为顾客带来新颖的用餐体验。

今天餐厅空间已经成为大家放松身心、体验休闲、感受文化和艺术、品尝美食的好去处，餐饮空间设计的美学逻辑、风格类型、主题选择、基本原则是每一个餐饮人都需要掌握的基本功。

第二章

环境系统——餐饮文化空间设计

　　空间布局、公共区域、企业文化、"五觉"效果、环境改造、元宇宙技术方案——餐饮环境系统，视觉冲击，文化流淌。

功能实用，舒适合理的空间布局

在介绍餐饮空间设计的基本原则时，我们已经知道空间布局是设计的基础，一切的设计和装饰也是附加在空间布局之上的。

那么，现实中如何去规划和布局你的餐饮空间呢？

● 了解"餐"和"饮"的不同功能及布局需求

"餐饮"二字有着不同的指向："餐"是餐食，代表餐厅与餐馆；"饮"是饮料，包含酒吧、咖啡厅、茶室、茶楼等。"餐"与"饮"的发展方向、功能需求也早已经被划分清楚。

1. 餐——餐馆类型、功能规划及布局要求

凡接待消费者零散就餐，或宴请宾客的营业性中餐厅、西餐馆，包含饭庄、饭店、酒家、酒楼及自助餐厅等，统称为餐馆。餐馆以经营正餐为主，同时还附有快餐、小吃、冷饮等营业内容。供给方式多为服务员送餐到位，也可采取自助式。餐馆主要分为以下几种类型。

中餐馆。主要经营中式菜肴，空间氛围多侧重于体现我国传统文化，空间装饰上通常运用传统形式符号进行装饰。

西餐馆。依据西方国家饮食习惯烹制出菜肴。西餐分法式、俄式、美式、英式、意式等，除烹饪方法不一样，服务方式也不一样。如法式餐桌间距较大，分餐制，以长形桌为主，装修格调以传统样式居多，以凸显宁静、优雅、舒适的就餐氛围。

风味餐厅。经营不同地域特色菜肴，如泰式餐厅、韩式烧烤餐厅、日式料理餐厅等。随着旅游业、移民事业的发展，媒体新闻报道以及个人体验的增长，都促使人们对含有民族特色、地域特色食品越来越感兴趣。

快餐店。为消费者提供日常基本生活需求，服务大众化餐饮，凸显一个"快"字，主要特点是清洁卫生，制售快捷，食用便利，质量标准，服务简练，便携外

卖，价格适中。

自助餐厅。采用消费者自行挑选、拿取或自烹自食的就餐形式，通常在规模比较大的旅馆、饭店使用，重视设施设备设计，如沙拉吧、烤肉和小灶餐桌。另外，自助式寿司店（回转寿司台）、熏肉店和烤肉吧等食品加工设备都是特制的。

烧烤、火锅店。平面布置上与普通餐饮店区分不大，但通道（100厘米）和餐桌（80~90厘米×120厘米）略大，惯用4人桌和6人桌，餐桌要摆放准确，材料耐热耐燃、抗擦洗。

不管何种餐厅，其功能区域均有前台和后台之分：前台是产品服务区域，包含门厅、餐厅、候餐区、服务台、外卖等；后台是产品制作区域，包含清洗区、加工区、炉灶区、库房等。在做规划时一定要将各功能区考虑全面（见图2-12、图2-13）。

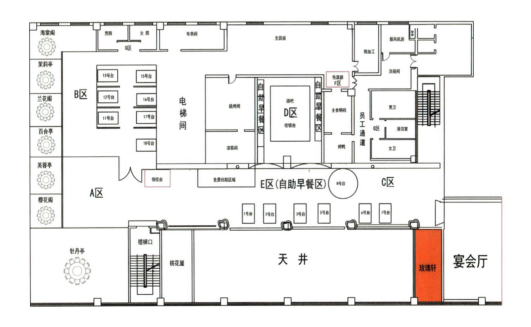

图2-12 食说江南空间服务区域平面图

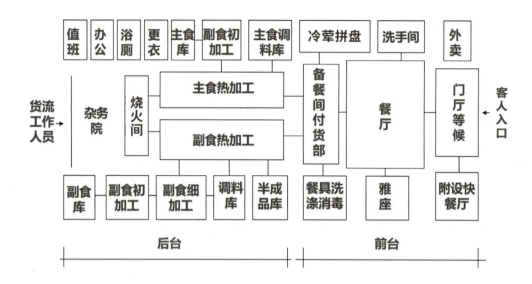

图2-13　餐厅各功能区组成及布局范式

你还可以通过这张图，划分区域，各个区域设有专人负责，进行图纸化管理。

2.饮——饮食店类型及功能规划

饮食店包含咖啡厅、茶馆、酒吧以及各类风味小吃等。饮食店不经营正餐，多附有外卖点心、小吃及饮料等经营内容，如小吃店、蛋糕店、三明治店等，在备餐室内有小型设备加工，供给方式分服务员送餐到位和自助式两种。

咖啡厅。以喝咖啡为主，进行简单饮食以及休息、交往场所。强调文化气氛，形式多样。普通视线和动线流畅（可有台阶隔断），位置布置灵活。服务柜台通常在入口处，有时与外卖窗口结合，柜台前位置充裕。大玻璃窗，视线通透，室内亮度低于周围环境。

酒吧。夜生活场所，大多数消费者是为了追求一个自由惬意时尚的消费方式。座位离入口要有适当距离。整体亮度低，局部亮度高。文化特色，经过主题信息，引出特定文化观念和生活方式（异域色彩、时代气息）。

茶馆。不但是休闲场所，也是人与人沟通的桥梁，应表达独特审美情趣和茶艺文化（茶艺演出台）。

休闲饮品店。休闲餐饮在英文中被译为"Casual Dining"，在西方是以"休闲、舒适、情趣、品位"为主题的餐饮模式。

饮食店的空间功能区域对比餐厅相对简单，主要包含门厅、餐厅、备餐区、制作区等（见图2-14）。

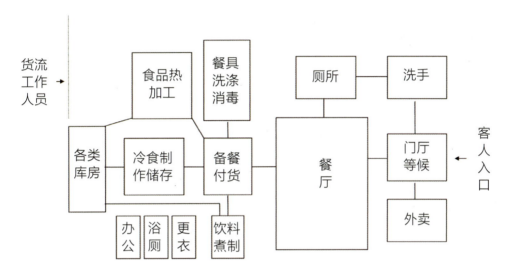

图2-14　饮食店各功能区组成及布局范式

●制订餐饮空间布局方案

其实不管是餐厅还是饮食店，其布局方案都要包含选址规划、布局规划、功能规划的一整套设计。

1. 选址规划

选址是餐饮空间布局的第一步，也是宏观层面的一次空间选择，直接影响着我们的经营效应。选址时，应该充分考虑周边人口流量、消费能力、消费习惯、竞争情况等因素，进而寻到一个独特的定位，以吸引消费者前来就餐（见表2-1）。

表 2-1　不同餐饮类型选址要求

类型	详细要求
销量很高的快餐店，大规模经营	定位于繁荣的主要街道，靠近主要街道交叉路口更受人青睐
中等规模特许经营快餐店	应该定位在商业活动集中地带，并在能前往市中心的主要街道
连锁饭店，主要服务对象是游客	沿高速公路可为家庭提供服务，其位置和设计要便于被路人发觉，通常靠近汽车修理厂或宾馆等便利设施，主要位置是靠近高速公路交叉点
城镇地域连锁饭店	应该定位于人口稠密的主要商业区和旅游区，要靠近当地名胜、购物场所或百货商店
城镇地域个体饭店	通常不靠近主街，低层租用小规模房产，靠近历史名胜或旅游景点
非城镇地域个体经营饭店	主要指乡村俱乐部或乡村饭店，靠近风景区或旅游景点，受季节性和用户群影响
百货商店、剧院、俱乐部及娱乐场所饭店	在消费者高峰期，规划好活动区域

2. 布局规划

在布局上应充分考虑消费者的隐私性，同时尽可能地增加座位数量，以满足更多消费者的用餐需求。另外，空间是餐饮平面规划的一个重要元素，规划时可采用分区布局、主次分明的空间划分，为消费者提供一个灵活自由、宽敞舒适的就餐环境（见表 2-2）。

表 2-2　不同餐厅类型经营比率

类型	座位（个）	面积（平方米）
小型柜台	30	93
特许经营单位、汉堡快餐店	100	280
全方位服务饭店	80	240
重建宾馆饭店	80	280

注：座位和餐桌布局决定因素，消费者情况——平均用餐消费水平，消费者期望值；经营情况——娱乐性用餐，主餐，消遣；用餐服务方式——自助服务，坐等服务，柜台服务；布局类别——公用餐桌，布局含有灵活性。

3. 功能规划

除了上文介绍的基础功能，功能规划中还应该包含设备、服务、音乐、娱乐等功能区域，同时还要有科学合理的动线设计，以提高服务效率。

动线设计要尽量地将服务人员与消费者分流，如前台和后台的设计。

前台。从消费者用餐体验角度去思考，采用简洁、直线、科学合理的动线设计引导消费者流向，并通过调整流线宽度来调节客流量以避免让消费者迂回绕道、产生人流混乱的情况（见图 2-15）。

图2-15　庭院人家前台动线分析

后台。合理布置生产流线，要求主食、副食两个加工流线明确分开，从初加工到热加工备餐流线要短捷通畅；原材料供给路线靠近主、副食初加工间，远离成品并应有方便进货入口；洁污分流；厨师、服务员出入口应与消费者入口分开，并设在消费者看不见的位置；服务员应经过备餐间传递食品（见图2-16）。

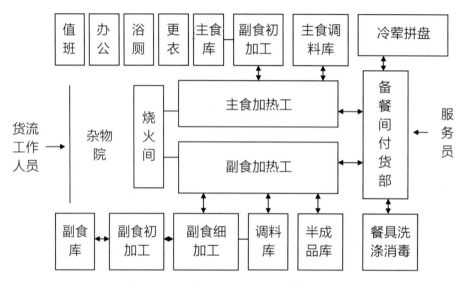

图2-16 后台功能及动线示意图

当完成以上几个步骤后，再开始装修，要注重"五觉"效果，打造个性化用餐环境。

总体而言，餐饮空间规划和布局，需要从多个方面进行考虑和实施。也只有将这些要素合理规划、组织，才能打造出一个高效率、高品质的餐饮空间。

公共区域，标准化、精细化打造

在餐饮空间设计中，公共区域设计是至关重要的一环，其不仅要注重美观，还要考虑到消费者的舒适度和使用功能。

那么什么是公共区域？就是消费者和餐厅工作人员共同使用的空间。按照这个定义，餐厅（不包括厨房）的厅堂、通道、洗手间、衣帽间、建筑物外部墙壁等都属于公共区域。

　　餐厅公共区域的特点虽然不能直观创造价值，且消耗了经营地的一部分面积，但却是餐饮空间设计中必不可少的重要组成部分。在这种情况下，公共区域既要满足消费者的使用需求，还不能占用过多面积，这就需要我们从消费者的舒适体验和角度出发，融合人体工程学原理，尽可能地将功能与舒适整合。

　　下面我将一一为大家介绍餐厅主要公共区域的设计、布局要点和标准。

● 外部公共区域

　　外部公共区域，餐厅外围，包括外墙、花园、停车场、前后门等。

　　餐厅的外部环境是给顾客留下深刻印象的关键因素之一。精心设计的外部空间不仅可以增加餐厅的吸引力，还可以提高消费者的用餐体验。

　　门面设计。门面是餐厅与外界之间的桥梁，它应该能够吸引路人的眼球并激发他们的好奇心。可以考虑使用独特的建筑风格、标志性的招牌、吸引人的霓虹灯或LED灯等元素来设计出具有吸引力的门面。同时，门面的清洁和维护也是非常重要的，以确保其始终保持吸引力（见表2-3）。

表2-3　不同餐厅不同门面需求

类型	要求
大众餐厅或咖啡屋	玻璃要大，能够充分展示内部环境
快餐店	门宽大，通常内凹而开阔，能够提供直接视觉联络，从外面能够看到服务吧台，刺激冲动购置，并促进柜台销售
特色饭店	主要依靠其独创的特殊形象或范围，这一特殊性要标识在外部形象上
酒店、客栈、夜总会	有个性，渲染含有历史意义特征或其他相关特征

　　外部空间。包括露天座位、庭院、屋顶花园等。在这些区域添加一些舒适的家具和装饰，例如阳伞、座椅和植物，可以增加顾客的舒适度和满意度。同时，确保

这些空间有足够的遮阳和挡风设施，以适应不同的天气条件。

停车设施。如果餐厅附近有停车需求，那么停车场的设计也是非常重要的。应确保停车场足够大，易于进出，同时设有足够的停车位。在停车场的设计中，可以考虑标明残疾人专用停车位和普通停车位，以方便顾客的停车需求。

外部装饰标识。装饰标识是餐厅外部环境设计中不可或缺的元素。这些元素与餐厅的主题和风格相协调，可为餐厅增添独特的视觉效果（见表2-4和图2-17）。

表2-4　不同位置餐厅标识设计需求

高度大小	最醒目标识位置应该在60°弧之内，而高度在人们水平视线之上10°
	街上可视距离为15—30米，刻字通常最少18毫米厚，100毫米高
	高速公路可视距离为60—100米，刻字应该40—60毫米厚，200—300毫米高
	要有个性，渲染含有历史意义特征或其他相关特征
字体应用	轮廓清楚、小写体字最轻易识别
	简练名字更轻易被看到并记住

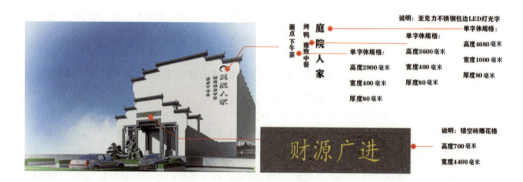

图2-17　庭院人家外围设计示意图

● 内部公共区域

内部公共区域，包含各功能区的连接空间，如入口、通道等；为了餐厅更好地进行运营的辅助功能区，如卫生间、衣帽间等。

1. 入口

当通过外围环境打造吸引到消费者时，餐厅的入口便是率先向消费者展示餐厅特色和质感的地方，其设计要素如下。

形态风格。入口是整个建筑的一部分，在考虑整体环境协调的基础上，追求个性化设计，营造出独特的品牌形象。

强调式设计。在形态风格的基础上，入口处有足够的提示、颜色、装饰材料、光影等，营造出节奏感，并突出视觉冲击力，加强消费者对入口的关注。有明显的指示牌，让消费者迅速找到目标区域。另外，巧妙运用品牌标识，强化消费者对餐厅的品牌印象。

可达性。确保所有消费者，尤其是残障人士可以方便地进入餐厅。

入口设计的具体细节要求如下。

宽度与建筑物正面长度及使用量成百分比，留防火通道。

快餐店和大饭店单人通道为 840 毫米、914 毫米，双人通道为 1500 毫米。

门或门把手设置品牌标志，强化品牌印象。

通风可安装空调或其他（环境）供暖系统作为空气幕 ❶。

产品信息展示，快餐店和大众菜馆使用灯箱菜谱更有效果。

另外，员工单独入口（取决于饭店规模和性质）应配置监控系统、计时设备，及员工专用设施（换衣间、有锁小柜、洗澡间、休息室等）。

2. 通道

餐饮店通道设计是一门艺术，它既要满足实用性，又要考虑美观和舒适性。在设计通道时，需要考虑通道（包括工位通道）的宽度、消防安全、整体布局、照明和通风以及装修风格等因素。通道的宽度应该根据每个功能区的面积和承载的负荷

---

❶ 空气幕，利用条状喷口送出一定速度、一定温度和一定厚度的幕状气流，用于隔断另一气流，以减少和阻隔室内外空气的对流，或改变污染空气气流的方向。

进行合理设计，做到既不浪费空间，也不影响功能区的使用（见表2-5）。

表2-5　用餐区通道宽度需求

	要求	宽度（毫米）
通道	便于1人活动	900
	便于2人活动	1350（1100） 1800（1500）
便利餐桌 通道	直接通道最小宽度	450
	侧面活动通道最小宽度	200
	就座活动空间（椅子后面）	300（200）
消费者	消费者很舒适就座于餐桌旁	600
	假如拥挤，吃一顿便餐	550
	十分拥挤，站在餐桌旁	450

消防安全。这是至关重要的，因此要确保有足够的空间来安装消防设备，同时在通道布局上也要有利于人员疏散。

照明通风。照明和通风是通道非常重要的元素，良好的照明和通风不仅可以让消费者感到舒适，还可以提高餐饮店的整体环境质量。

便利美观。在整体布局上应考虑消费者的便利性以及店内整体的空间利用率，同时还应考虑消费者的审美需求。在装修上，要注重细节处理，让消费者在用餐时感受到店内的用心和品质。

后台厨房区域的工位通道设计，需要根据各个工位工作人员的实际使用情况，进行合理的设计。比如热加工区炉灶和打荷区的工位通道，合理宽度就是700毫米，这样既不影响厨师炒菜，厨师还可以从身后的打荷区拿东西、盛菜等。而打荷区工位通道，因为人员多且流量大，就得根据厨房的面积尽可能做到宽敞。洗碗间、粗加工区等，都应该根据实际使用情况进行科学合理的设计。

3. 卫生间、衣帽间

在餐厅中，卫生间作为一处细节体现着整个餐厅的品质，它的设计需要兼顾实用性和美观性。在空间布局方面，需要考虑各个设施的位置和间距，让消费者使用起来既方便又舒适。例如，洗手台、便池等设施应当根据人体工程学原理进行布局，以方便顾客使用（见表2-6至表2-8）。

表2-6　50个座位小餐厅卫生间最小要求

使用用户	设施	最小面积（平方米）
男性	便池及洗手盆	3
女性	便池及洗手盆	3

表2-7　较大饭店依据最高峰上座用户最多人数提供最低标准

各种设施	男性用户	女性用户
卫生间	1/100	2/100
小便器	1/25	
洗手盆	1/卫生间数 1/5个小便器	1/卫生间数

表 2-8　卫生间设计细节

类型	要求
门窗	卫生间门窗应该向外开启，避免影响室内空气质量。同时，门锁要选择防锈、易维修的材质
通风设施	一定要设置独立通风空间，通风设施需要选择排风效果好、噪声小、易于清洁的产品
防滑措施	卫生间地面需要选择防滑性能好的材料，避免滑倒受伤
防水措施	做好防水工程，确保不会出现渗漏和异味的问题
装饰	通过装饰画、瓷砖、镜框等装饰元素的搭配，让卫生间更加美观、舒适。注意要与餐厅的整体风格相协调

至于衣帽间，可靠近卫生间设置，每个使用者平均面积是 0.5 平方米。

● 网络公共区域

餐厅网络公共区域是指餐厅内提供免费网络服务的地方。互联网时代，网络公共区域是现代餐厅中不可或缺的一部分，甚至整个餐厅就是一个"网络空间"。餐厅通过高性能无线路由器、无线接入点、有线网络交换机以及防火墙和安全设备，以全面保障网络的稳定性和安全性，让消费者在用餐时，既享受美食，也连接世界。

打造网络公共区域需要注意以下几点。

提供免费 Wi-Fi，以方便消费者连接网络。

提供稳定的网络服务，以确保网络覆盖范围广、信号稳定。

配置电脑或平板电脑，以方便消费者查询菜单、点餐或进行其他在线活动。

提供足够的电源插座，以方便消费者使用电子设备。

定期维护和更新设备，以确保公共区域的设施始终保持最佳状态。

餐厅网络公共区域是吸引消费者和提高用户体验的重要手段之一，能够更好地便利消费者的交流互动，更好地促进产品、品牌信息的传播。

企业文化，餐厅和顾客精神嫁接

什么是企业文化？很多人第一想到的会是理念、价值观、仪式、口号等。脑中呈现的也是服务、管理等管理层面的东西。这固然是餐饮企业文化的一部分，但是餐饮行业十分特殊，本身做的就是文化。

庭院人家做的是中国四大菜系之一的淮扬菜，其特点"以顶尖烹艺为支撑，以本味本色为上乘，以妙契众口为追求，雅俗共赏而不失其大雅"。

淮扬菜本身就有独特的文化风格——园林、文人、饮食，鼎立起淮扬烹饪文化的特殊构架。我也是依此进行庭院人家的文化架构——"园—文—宴"三重结缘：每一个顾客步入其中，叠山造石，迂回曲折，江南园林精巧呈现；烧香点茶，挂画插花，浓郁文风扑面而来；品味美食，宴请亲友，于诗情画意中品味古典宴饮情趣。

产品所承载的饮食文化，便是最佳的餐饮文化。不管是产品开发还是员工培训，以及为消费者提供优质体验等，也都是围绕这一文化核心展开，目的也都是让消费者感受到该店的传承使命、匠心精神。

所以，什么是餐饮的企业文化？

精湛的技艺传承是企业文化；

精益求精的食材品质追求是企业文化；

体贴周到的服务是企业文化；

融合创新的精神是企业文化。

而企业文化是需要被看见的，你要做的便是将其展现出来，在用户与美食之间，构建一道品牌与文化的桥梁，以此提升消费者的用餐体验。

那么，如何让文化更好地被看见呢？

●制定设计格调框架

餐厅设计风格与文化是相互交织、相互映衬的。一个优秀的餐厅设计，不仅能够展现出独特的美学风格，更能够反映出深厚的文化底蕴及餐厅所崇尚的经营理念。而餐厅设计风格的选择是有方法的，也有框架供你参考（见表 2-9）。

表 2-9　设计格调框架

经营政策 / 理念	
位置	
功效	
美学概念	
预算	
经营周期	
计划	
推导个性化装饰方案	

以中国名厨文化体验馆为例。在空间布局上，划分住宿（民宿）、餐饮区（庭院人家）、展览区（名厨博物馆、淮扬村），并提炼出"雅"的主题，凸显"淮扬雅宴，东方珍学"，旨在让消费者获得品位之雅、归心之雅、水石之雅的三重雅致生活体验，从而彰显河下古镇文化之韵，弘扬淮扬美食之魂，呈现东方园林之境，从内到外塑造一个充满人文气质和东方美学的体验空间（见图 2-18、图 2-19）。

图2-18　中国名厨文化体验馆效果图

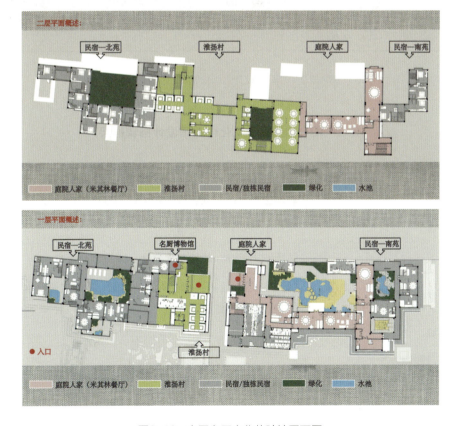

图2-19　中国名厨文化体验馆平面图

为了达到准确定位和主题目标，在设计方案时，提炼出四大设计元素——建筑（历史感+艺术感）、理水（池、井、溪、瀑）、叠山（峰、峦、坡、涧）、花木（古树名木博物花园），并打造"五苑"（小自在天苑、涵碧苑、承影苑、见山苑、竹里苑）。我们的装修格调框架如下（见图2-20、表2-10）。

图2-20　中国名厨文化体验馆见山苑意向图

表2-10　中国名厨文化体验馆设计格调框架

经营理念	旨在打造"美食品鉴+古风民宿"，集美食文化、住宿旅居体验、山水林庭休闲于一体的别样饮食空间
位置	淮安市淮安区河下古镇
功效	弘扬淮扬美食、体验美食文化、研发创意美食
美学概念	"雅"主题，让消费者获得品位之雅、归心之雅、水石之雅的三重雅致生活体验
预算	
经营周期	
计划	
推导个性化装饰方案	四大设计元素、"五苑"

当完成了这个框架内容，接下来便是具体的装饰细节。

●装修装饰，让每一处都体现文化主题

站在消费者角度，装修装饰是展示餐饮文化的第一道"风景线"，通过合理的装修装饰，可以营造出一种与餐饮相得益彰的氛围。

中国名厨文化体验馆的装修在建筑上还原江南古建筑特点，依托四大设计元素，再现江南园林的诗情画意，并设置淮扬美食文化主题广场、点缀淮扬名菜文化地等，将美食文化以润物细无声的方式融入整体环境。力求每一处都体现展厅的文化主题，让消费者在进入的瞬间就能感受到浓厚的文化氛围（见图2-21、图2-22）。

图2-21　中国名厨文化体验馆外景

图2-22　中国名厨文化体验馆庭院意象图

再如茶颜悦色。其企业文化的核心理念是"以茶为媒，以心为桥，以服务为本"，旨在通过茶文化的传承和服务的提升，为消费者带来愉悦的消费体验。品牌在文化层面的属性十分明显，中国风的品牌视觉体系，声声乌龙、人间烟火、凤栖绿桂等文雅十足的产品名字，以及茶颜悦色店铺的装修，深色的砖瓦、木质楼梯、木质座椅、古风美人……浓浓的中国风设计，与店铺的古典风格搭配和谐，无不在强化品牌的国风文化属性。

需要注意的是，餐饮店不同于企业，企业文化的彰显并不是简单在墙上粘贴使命、责任这类口号式的标语，或是单纯的广告式菜品、食材展示。餐厅是由各种装饰元素的巧妙融合，进而打造出的独特文化空间。也是在这样的时空中，让消费者充分感受到品牌的理念和文化。

此外，员工是餐厅的"灵魂"。他们的言行举止、服务态度直接影响到消费者对餐厅的印象。因此，对员工的培训是展示餐饮文化的重要环节。通过培训，员工可以更好地理解餐厅的文化和菜品特色，从而为消费者提供更加周到的服务。

总之，餐饮企业文化的展示，要从多个方面入手，通过精心的风格设计、装修设计、品牌 VI 系统、富有特色的菜单、专业的员工培训和优质的用户体验，在店面中营造出一种独特的文化氛围，让顾客在品尝美食的同时，也能感受到这种文化的魅力。

"五觉"效果，放大审美效应

你是否记得小时候在路上或小区里无意嗅到的桂花香，还有桂花糕、桂花茶？

你是否还记得生日时，妈妈给你做的那一碗长寿面的样子和味道？

你是否在很饿时，看到肯德基超大汉堡海报会咽口水？

……

相信这些你都记得。

那么，你是否还记得小时候背过的数学公式、语文课本、化学方程式？

相信很少有人能回忆起来。

为什么有些记忆在你的脑海中一直存在，甚至回忆时还恍如昨日？为什么上学死记硬背的知识却容易忘得一干二净？原因是你的大脑记忆是有规律的。数学、语言类的抽象信息需要靠不断重复才能被记住，但是人对画面、声音等感性的信息有着与生俱来的记忆天赋，会主动地去感知并不由自主地去记忆。

也正是这个原因，"五觉"与设计紧密相关，你身边的"感官营销"无处不在。

视觉。80% 的外界信息是经视觉获得的，人们通过视觉辨别物体大小、明暗、颜色、动静等获得信息。视觉设计运用范围很广，包括建筑设计、室内设计等衣食住行各个方面，颜色和灯光是其设计要点。

听觉。即声音通过听觉系统的感受和分析引起的感觉，主要应用于商业空间，如餐厅、咖啡馆的钢琴曲、音乐会、轻音乐等，其设计要点在于保障交谈和通信联络，设计过程中要注意噪音控制，环境噪音允许值在 45—60 分贝（咖啡馆功放分贝值），噪音允许值在 75—90 分贝（超过此区间会影响听力及听觉健康），人在睡眠状态下听力范围在 35—50 分贝。

味觉。由舌尖的味蕾通过神经传输给大脑神经系统而产生，是一种近感。主要应用于甜品、茶饮、食物等；甜品店、咖啡馆、餐厅、酒吧等。其设计要点在于：利用色彩提升味觉感知力（食物的色、味）；搜集能引起食欲的暖黄色系、红色系、橙色系灯等；满足胃，满足基本的生存幸福值。

嗅觉。由嗅觉神经和鼻三叉神经系统组成，是一种远感。主要应用于香薰、香水、香料等；美食研究、香料工作、香水品牌等。其设计要点在于嗅觉与味觉协作。嗅觉能提升对空间、对场景的记忆力，让人有满足感、幸福感。

触觉。通过肢体触碰、抚摸而产生的触觉感知。主要应用于家纺、装饰品、家具接触、商务礼仪肢体动作等。其设计要点在于安全感，感觉更真实。

通过"五觉"，大脑对外界信息进行加工做出整体客观认知，使形成了知觉。在环境打造中，"五觉"效果会让消费者主动去感知产品及其所处的用餐环境，从而放大审美效应。那么，"五觉"是如何作用于餐饮时空中的呢？

● "五觉"效果的餐饮魅力

感官的满足会让你认为一件东西物超所值，比如星巴克。如果单从咖啡价格上来讲，星巴克的咖啡无疑是贵的。但是当你走进星巴克，马上就能够闻到浓郁的咖啡香味（嗅觉），店内还放着轻柔的音乐（听觉），坐在柔软的咖啡椅上，手里拿着精致咖啡勺搅动刚端上来的拿铁（触觉），欣赏着店内雅致的装修、窗外的车水马龙（视觉），这一切怎么能不让你感觉到物超所值？

人是一种复杂且具有很强感知能力的生物。当人们在进食时，食物的味道、气味、触感、形色和声响会同时作用于味觉、嗅觉、触觉（口腔）及视觉、听觉。

而在餐饮行业中，"五觉"效果也是一种独特的美食艺术鉴赏方式——它以味觉、嗅觉、触觉为主导，以视觉、听觉为辅助进行着美食的品鉴。

通过味觉，那些在口中回味的醇厚、香辣、甘甜，能让你感知食物的独特韵味；通过嗅觉，精妙的香气，或淡淡花香，或浓郁木香，感知美食和环境难以言表的气息；通过触觉，亲手抚摸食物、器皿、家具，能够让你感受其温度、湿度和质地；通过视觉，能够让你感受食物及环境形态的优美、色彩的斑斓和构图的精巧；通过听觉，在音乐的旋律、声音艺术的节奏中，能够让你体验到美食与环境的韵律及表现力。

"五觉"效果的魅力在于，它能让消费者从各个角度、全方位地感知和体验产品及餐饮时空设计所呈现的美和韵味，这不仅可以提升消费者的审美趣味，而且可以使其在餐饮时空中找到与自身心灵相通的那一部分，从而感受生活的美好。

那么，在餐饮环境设计中哪些地方会用到"五觉"？又该怎么使用它呢？

● 感官调适，强化用户感知

在实际的餐饮空间设计中，从"五觉"出发，你可以在颜色、灯光、声音、气味、材质等方面做好考虑和调适，以便更好地达到"五觉"效果。

1. 色彩

"色"即视觉，它是"五觉"最为敏锐的。人本身对美的事物比较敏感，往往以"色"识人、以"色"识物，且不同的颜色可以传递不同的情绪和氛围。因此，在餐饮店的空间设计中，色彩的选择和搭配是主要考虑的因素之一（见表2-11）。

表2-11 餐饮中的常用色系特点及适用对象

色系	特点	适用对象
红色系	活力、热情，营造出欢快、热烈的氛围，激发人的食欲和热情，同时能够促进人的新陈代谢和血液循环，提升用餐体验	快餐店 普通正餐店
黄色系	明亮、温暖，营造轻松、愉快的氛围，同时能够提高人的注意力和警觉性，增加人的购买欲望和消费意愿	快餐店 普通正餐店
绿色系	清新、自然、安静，营造高雅、神秘、独特的氛围，让人感到高端和独特，同时也能够缓解人的压力和紧张感	高端餐饮店 主题餐厅
蓝色系	沉稳、内敛、低调，营造舒适、轻松、自然的氛围，让人感到放松和自在，同时能够增强人的创造力和逻辑思维能力	咖啡厅 小型餐厅
紫色系	神秘、智慧、独特、精英，给人一种高贵、优雅的感觉，能够营造出一种时尚、新奇、有趣的氛围让顾客感到兴奋和好奇	特色餐厅 主题餐厅
白色系	明亮、干净，营造出一种明亮、清新的氛围，同时具有很好的搭配性，可以与其他颜色很好地融合在一起	快餐店 主题餐厅 自助餐厅

色系	特点	适用对象
粉色系	温馨、浪漫，营造柔和、舒适的氛围，让人感受到温馨和关爱	女性顾客多的餐厅或主题餐厅
暗色系	稳重、神秘，营造沉静、神秘氛围，让人获得一种深刻的体验和独特的感受	特色餐厅主题餐厅

　　餐饮空间设计中常用的色彩搭配原则包括选择温暖的色调，如红色、橙色和黄色，以提高顾客的食欲；选择冷色调，如蓝色和绿色创造轻松和清新的感觉；选择中性色调，如灰色和米白色来营造出简洁和高级感。

　　另外，许多装饰信息本身就有颜色、纹理，如天花板、墙壁、地板等。在装饰中，要学会正确地运用这些元素来规划，以便给消费者带来不同的感受。当然，不仅这些东西的颜色，还有桌椅、窗户、绿色植物等的颜色，这些元素都可以在餐厅规划中使用。

2. 灯光

　　餐厅的灯光设计是营造用餐氛围的关键因素。合适的灯光能够为餐厅增添温馨、舒适的感觉，同时还能让食物看起来更加诱人。

　　在考虑餐厅灯光设计时，需要从多个方面入手。

　　一是亮度。亮度需要适中。过于刺眼的灯光会让人感到不适，而过于昏暗的灯光则会使人看不清食物。一般来说，餐桌上的灯光亮度应该足够照亮餐具和食物，同时还要避免过于强烈的光线对眼睛造成不适。

　　二是颜色。暖色调的灯光可以营造出温馨、舒适的氛围，而冷色调的灯光则可以增加空间的层次感和立体感。选择何种色调需要与餐厅的装修风格和主题相协调。

　　三是形状。需要与餐厅的装修风格和主题相协调。例如，如果餐厅是现代风格，可以选择一些简洁、现代的灯具；如果餐厅是传统风格，可以选择一些华丽、典雅的灯具。这些灯具不仅可以起到照明的作用，还可以成为餐厅中的装饰品。

　　四是摆放。灯光的摆放位置应该能够照亮整个餐厅，包括餐桌、餐椅和其他物品。同时，也要避免灯光直射到眼睛，造成不适。为了达到更好的效果，可以考虑使用一些辅助灯光来增强某些区域的效果。

3. 气味

气味即嗅觉。气味无处不在，时刻影响着人们的大脑判断。比如人们对咖啡的记忆，90% 来自嗅觉，10% 来自味觉。在人的"五觉"中，嗅觉是最原始、最精细、最恒久的。你可以通过气味来放大消费者的感知力。

在餐厅气味设计中，有许多不同的手法可以采用。

根据空间的功能选择适当的香气。在餐厅中，可以使用能增强食欲的香气，如香草、柠檬等。

根据空间氛围来选择香气。在庆祝活动中，可以使用浓郁、欢快的香气，如香槟、巧克力等，来营造出欢乐、热烈的氛围。

根据使用者的情感需求来选择香气。如柔和、温馨的香气可以营造出亲密、舒适的氛围，而清新、凉爽的香气则可以让人感到清爽、愉悦。

另外，有些餐饮店自带"香味"，比如烘焙、咖啡馆，只需要把后厨里烤面包的香气和磨咖啡的香气通风到店内和店外，就可以巧妙而直接地引导顾客作出购买选择。

4. 声音

声音即听觉，通过巧妙地运用音乐、音量控制、语音交流和音效等元素，可以创造出一种愉悦、舒适和个性化的用餐体验。

在声音方面，选择适合餐厅氛围的音乐至关重要，背景音乐一定要营造出一种轻松愉悦的氛围。你也可以根据餐厅的定位、目标用户和音乐品位等因素来选择适合的音乐类型和曲目。同时，注意控制音量的大小，以确保音乐不会过于嘈杂，让顾客能够舒适地交流。

在音效方面，一些餐厅巧妙地添加了自然声音来增强用餐的趣味性。流水声、鸟鸣声等自然音效能够营造出一种舒适、宁静的氛围，让消费者感受到大自然的和谐与宁静。这些音效可以作为背景音乐的一部分，或者通过立体声系统在餐厅的不同区域播放，以增加用餐的趣味性和舒适度。

此外，语言交流也是餐厅中不可或缺的元素。友善、热情的员工能够为消费者提供周到的服务，让他们感受到被尊重的快乐。你可以通过培训，提升员工的沟通技巧和服务态度，为提供优质的语言交流服务。

5.材质

触觉是人体的重要感觉系统，你在购买商品时，总是习惯性地去摸一摸商品的质感来判断质量的好坏，同样，消费者也会通过触摸的方式，来感知你的餐饮空间，因此物品材质选择非常重要，不同的材质可以带来不同的质感和氛围，直接体现着你的品位和判断力。

如实木桌，具有一种天然的质感，坐于桌前，你很容易感受到实木给予的独特触感；陶器、岩矿等则将厚重与沙砾质感凸显出来，视之触之、入眼入手满满粗犷之美……这些都是点睛之笔，都能够很好地提升品牌调性。

至于味觉，其重要性不言而喻。在餐饮空间中，它更是一个综合性的感官体验，不仅需要依靠味蕾来捕获刺激，还需要依赖听觉、嗅觉、触觉等感官，综合信息做出"声香味"俱全的判断。

环境改造，提供一种新鲜的感觉

店面装修是一件非常费钱又烦琐的事情，那么，为什么有些生意非常火爆的餐厅，宁愿冒着客源流失的风险也要翻新改造呢？因为竞争激烈，因为消费者审美疲劳，因为服务升级，因为设备老化……

餐厅环境改造，旨在创造一个更加舒适、时尚、有吸引力的用餐场所，以满足现代消费者对高品质餐饮体验的需求，增加消费者的满意度和忠诚度。同时，餐厅环境改造也是为了提升品牌形象和知名度，使消费者对品牌产生积极的认知和情感联系。这些可以使餐厅在激烈的市场竞争中脱颖而出，获得更多的客源和收益。

任何事物都是有生命周期的，餐饮空间也是。随着市场环境的变化，消费者消费观念升级，审美意趣改变，当餐厅环境中的主题、装修、装饰、设备等步入生命晚期时，你要做的自然是以必要的且最小的代价令其重新焕发生命力（见表2-12）。

表 2-12　餐饮店环境生命周期

餐饮店类型	普通生命周期（年）
传统饭店、特色餐厅	7
咖啡屋、特色食品饭店	5
新奇快餐店	4
自助餐厅（重建／改建）	5—8
食品生产设备	7

●餐饮店需要翻新改造的几种情况

也许不少人会有这样的疑问：既然每隔一段时间都要进行升级改造，是不是可以在一开始的时候不用投入太多，马马虎虎就可以了？

如果你这样想，那就大错特错了。钱固然要省，但是如果花在刀刃上，那也是一种省，因为不同原因的升级改造，投入和费用上是大不相同的。

比如设计风格改造与室内空间升级。设计风格的改造，基本意味着全部整改，如将中式古典风格改造为现代主义风格，大到空间规划、内部布局，小到桌椅、花木，都需要重新设计、选择，这与新装修一家店面无异。而室内空间升级，通常是空间利用率不够，此时你可能只需要打通某个隔断，去掉一些烦琐装饰，合并两个区域的空间，增加使用面积，或增加户外餐位，其投入的成本只相当于局部改造的费用支出。

餐厅设计，在最初就要确定好风格和主题，注重设计的价值。而好的设计是经得住时间考验的（这也是为什么我在环境这一章节中总在强调设计风格和主题设计的原因）。

那么，餐饮店在什么情况下需要翻新改造呢？这里我结合了自身的经营经验，给大家归纳了一个表格（见表 2-13）。

表 2-13　餐饮店翻新改造的原因及目的

原因	目的
不符合现代审美	通过翻新改造提升品位、格调，贴合当今审美趋势
硬件设施老化	通过翻新提升硬件水平，以提供更好的就餐环境
提高竞争力	借助翻新改造使该店在市场中更具吸引力，从而提升竞争力
食品安全问题	通过翻新改造解决卫生条件差、安全隐患等问题
扩大经营面积	如增加座位数或开设新的业务线，翻新改造可以帮助实现这一目标
满足顾客需求	顾客对环境或设施提出更高的要求，翻新改造满足这些要求，提高顾客满意度
环保法规要求	翻新改造符合新的环保法规要求

● 餐饮店翻新改造趋势及方法

餐饮店的翻新改造，正朝着更加环保、自然、舒适和审美化、科技化的方向发展，呈现出以下几大趋势。

一是文化元素与艺术装饰。将文化元素和艺术装饰融入餐厅的改造中，以增加餐饮业的特色和吸引力。

二是个性化与定制化。随着消费者需求多样化，寻求个性化的改造，以满足不同消费者需求。

三是社交性与互动性。加入社交和互动元素，让消费者更好地体验用餐的乐趣。

四是绿色建筑与节能环保。随着环保意识的日益增强，餐厅改造正朝着绿色、可持续的方向发展，绿色建筑和节能环保的理念在餐厅改造中越来越受到重视。

五是健康与养生主题。健康与养生主题在餐饮行业中越来越受欢迎。

六是智能技术应用。智能技术的应用在餐饮行业中越来越广泛，包括点餐、支付、预订等环节（见表 2-14）。

表 2-14　餐饮店翻新改造趋势及改造常用方法

趋势	常用方法
文化元素与艺术装饰	运用地域、民族等文化元素以及艺术品装饰、展示
个性化与定制化	提供定制化的菜品、装修风格
社交性与互动性	设置共享餐桌、举办社交活动等
绿色建筑与节能环保	使用环保材料，使用自然元素，如用绿植优化室内环境
健康与养生主题	提供健康养生产品，设置专门的养生区域，如茶室、瑜伽室等
智能技术应用	将现代智能技术集成到餐厅环境中，如无线充电桌面、智能菜单、在线预订系统、智能照明系统等

注：上一节介绍的"五觉"效果是贯穿其中的准则和方法，在具体的改造中通常涉及照明、色彩、家具、装饰元素、声音环境、空气质量等。

另外，在数字经济浪潮下，元宇宙餐厅的出现，通过数字技术将现实与虚拟结合，营造出新型的用餐环境和场景等，给消费者带来了更前卫、更新潮的消费体验……这些都为我们的餐饮空间设计和改造带来了极大的启发，我们可以用科技赋能设计，创造现代乃至未来的餐饮新时空。

虚实结合，探索元宇宙技术方案

未来，人类会如何生存？人机交互、虚实交融，穿梭于现实与数字世界之间，电影《头号玩家》的场景将会成为现实。

未来，人类会如何用餐？通过先进的虚拟现实技术，置身于一个超越现实的奇妙场所，欣赏着令人惊叹的虚拟景象和虚拟表演。在这个令人振奋的用餐环境中，消费者不再只是简单地浏览菜单，而是能够直接在虚拟空间中看到美食的精致细节，甚至可以闻到它们的香气。每一道菜品都以最完美的形态呈现在消费者眼前，消费者的味蕾和视觉享受都将被唤醒。而这便是元宇宙餐厅的魅力，为消费者带来一种全新的用餐体验，让消费者在一个充满无限可能的虚拟世界中享受美食与服务。同时，还能够实现一些在现实世界中无法实现的场景，如与虚拟角色的深度互动以及令人惊叹的虚拟表演等。

随着技术的不断进步和普及，元宇宙餐厅正逐渐走进我们的生活，成为新的潮流和趋势。即便我们不去打造元宇宙餐厅，还是需要了解其带来的"时空优势"和技术基础。

●元宇宙餐厅的"时空优势"

元宇宙餐厅，借助尖端的虚拟现实技术，让消费者置身于一个充满想象力的用餐空间。在这里，食物不再仅仅是舌尖上的享受，而是触动消费者感官的全方位体验，其"空间优势"主要体现在以下几个方面。

一是沉浸式体验。通过虚拟现实技术，为用户提供身临其境的沉浸式体验。通过增强现实技术，让食品在元宇宙中以更直观的方式被消费者体验到，甚至模拟感官刺激，如嗅觉、味觉、触觉。

二是互动性强。为用户提供多种互动方式，用户可以邀请朋友一起用餐、进行点菜、评价菜品等操作，还可以与其他用户进行交流、分享用餐体验。

三是个性化定制。可以根据用户的喜好和需求进行个性化定制，为消费者提供更加贴心的服务。如消费者可以选择自己喜欢的主题风格、背景音乐等。

四是科技感十足。运用各种高科技设备和技术，如虚拟现实头盔、AR 眼镜、智能语音助手等，为用户带来炫酷的科技感体验。

此外，元宇宙还可以提升餐厅利用率，拓展竞争时段。

大家都知道，餐厅的用餐高峰期往往是中午和傍晚时段，而且这一时段翻台次数有一定的上限，存在天花板。而在非用餐高峰期，餐厅通常是"闲置"的，这意味着人力、租金在消耗，服务和产能却过剩。因此很多人会考虑如何利用非正餐时段来拓展营收。这时我们就可以通过 VR/AR/MR 和全息投影技术，改变场景，如将正餐时空，投影成下午茶、酒吧、音乐吧等特色情调时空，如此一来，就可以打破时间限制，在不同时段通过营造不同氛围展开多元化经营，进而拓宽竞争时段，将餐厅空间做到最大化。

我也一直认为，元宇宙会是非常好的餐厅改造、翻新方案，可以很好地满足扩大经营需求，提高竞争力。且其依托的是虚拟场景打造，在可以不变动或小变动的情况下，融合现实餐厅元素，如在现实餐厅基础上建模，打造主题场景，设置虚拟互动，增加消费者的参与感和体验感。

●元宇宙餐厅的技术方案

与传统餐厅空间设计不同，元宇宙餐厅十分注重数字技术的运用，是用最前沿的技术为消费者打造与众不同的餐厅体验。其技术基础包括虚拟现实技术（VR）、增强现实技术（AR）、区块链技术以及人工智能（AI）。其技术方案如下表（见表2-15）。

表 2-15　元宇宙餐厅技术方案

基础技术

虚拟现实技术（VR）

虚拟现实技术是一种计算机生成的三维虚拟环境的技术。利用虚拟现实技术打造逼真的数字主题环境，消费者可以通过头戴式显示器和手持控制器等设备，实现与虚拟世界身临其境般的互动。

增强现实技术（AR）

增强现实技术是一种将虚拟信息与真实世界巧妙融合的技术。利用增强现实技术，将虚拟元素叠加在现实世界中，消费者可以通过智能手机、AR眼镜等设备参与到餐厅元宇宙数字世界，与虚拟事物进行互动，创造出融合了虚拟和现实的体验。

区块链技术

使用区块链的溯源防伪追踪技术，对食物原材料进行追踪，并借助虚拟现实技术进行虚拟动态呈现，有效地对食物生产全过程进行数字化模拟。这不仅保证了食物的新鲜和纯正，更可以提高消费者的点餐体验、增加复购率及对品牌的信任感。

人工智能（AI）

使用AI技术进行自然语言、消费数据的处理。AI能够收集消费者信息、理解消费者的问题并生成对应的回复。如个性化推荐，通过分析消费者的历史购买记录和口味偏好，利用AI技术实现个性化菜品推荐，帮助餐厅满足顾客的需求，提升消费者的满意度和再次消费率。

技术要求

······································

安全和隐私保护

虚拟现实技术可能涉及个人隐私和安全问题，因此元宇宙展厅需要相应的安全措施来保护用户的数据和信息。

互动体验

结合手势识别、声音感应等技术，让参观者可以通过自然的方式与元宇宙互动，以增强参与感和沉浸感。

当然，当今元宇宙在技术储备和实际体验上都还有很大的进步空间，餐饮行业对元宇宙的探索还只是初始阶段，元宇宙并未在餐饮行业大规模落地。但是餐饮作为与人们生活深入融合的重要行业，随着元宇宙的到来，其发展必将迎来新的思路和新的运营方式，值得被关注和期待。

第三篇
服务超越

人生最美好的，就是在你停止生存时，也还能以你所创造的一切为人们服务。

——奥斯特洛夫斯基

第一章

服务意识——"知行合一"贯穿

高位布局，对内部员工意识—知识—能力"三维培养"。

屈己从人，对消费者系统研究面面俱到。

兢兢业业，服务在心、在行！

知己不怠，五大任务高维思考

对餐饮行业来说，影响品牌口碑的三大因素是口味、服务和环境。服务，在餐饮行业中的重要性不言而喻，它不仅关乎餐饮企业的生存与发展，更牵动着每一位客户的切身利益。优秀的服务，能赢得客户的信任与认可，让企业在激烈的市场竞争中独树一帜。

而优质的服务从何而来？从人而来——工作人员是餐饮服务的核心，通过对他们培训、培养，确保他们具备专业知识和技能，以提供高质量的服务。

然而，道理都懂，可是实际情况呢？工作人员服务意识淡薄、服务行为不规范；对消费者需求把握能力不足，不能给消费者带来安全感，承诺度低；人员流动大，缺乏相应的服务人才……

为什么会这样？是你的员工不够努力，不够积极吗？可能有这些因素，但是最主要的原因是——你和员工思考问题的维度不一样。

刘备在遇到诸葛亮之前过的是什么日子？带着关羽、张飞到处流窜，狼狈不已。从他们自身角度分析，他们有梦想（复兴汉室）、有执行力（关张有万夫莫当之勇），但是为什么还会如此狼狈？因为他们思考的维度不一样。刘备思考的是笼络人心，搞好关系；关张思考的是义气与兄弟情，无条件地支持刘备。但是这些距离他们的梦想——复兴汉室遥不可及。

此时，诸葛亮出现了，他分析局面、规划战略，给整个刘备集团带来了升维思考，关张再降维执行，最终刘备在激烈的竞争中，站稳脚跟，并"三分天下"。

那么，在你的服务体系中，你又是谁？你的员工们又处在什么样的位置？

你和管理人员——诸葛亮和刘备，你们制定餐饮发展战略，也最清楚哪些部门和人员需要怎么培训。你的员工是关张，对他们来说，"你让我做什么我就做什么，你让我怎么做我就怎么做"。高维的人很容易理解低维的人，但是低维的人很难去理解高维的人。

因此，当你要进行员工培训时，不是去急着学习、模仿那些已经成功的餐饮品牌，不是只让员工学些基本技能能上岗就行，而是要先了解自身企业及你自己，了解员工及所需能力，在知己的前提上，打造五大任务高维培训系统（见图3-1）。

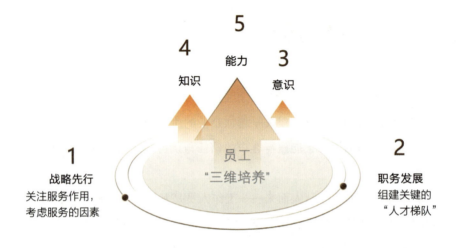

图3-1　餐饮行业五大任务高维培训系统

● 战略先行，你和你的管理层最清楚需要什么样的服务

从战略维度，关注服务的作用，考虑服务的因素。

服务的作用无外乎三个：可以提高客户的满意度和忠诚度，帮助餐饮品牌建立良好的口碑和品牌形象；创造更多的商机和附加值，提高企业的收益和竞争力；促进品牌、产品与消费者的互动和沟通，帮助餐饮品牌更好地了解市场需求和反馈，进而优化产品和服务。

一切可以帮助我们达成这些目标的服务都是好服务，而不同的服务因素，在不同的战略模块中侧重不同。在产品模块，餐前、餐中、餐后服务可以真正实现其价值；在市场竞争模块，差异化服务更能赢得消费者的口碑和好感。

总之，企业战略和服务是相互关联、相互促进的。在制定企业战略时需要关注服务的作用，同时服务的改进和创新也需要企业战略的支持和引导。只有将两者相结合，才能实现企业的长期发展目标。

●职务发展，组建关键的"人才梯队"

在餐饮业，有许多不同职位，包括服务员、领班、厨师、餐厅经理、营养师和餐饮顾问等，依托这些职位，构建餐饮业的关键"人才梯队"，设计职务的晋升与发展，让处于不同职业发展阶段的每一个人都能够有机会不断拓展自己的能力和视野，以此帮助他们明确自己的职业目标和路径，激发他们的工作动力（见表3-1）。

表3-1　餐饮业职业发展和晋升的路径

类型	岗位	要求	晋升路径
基础岗位	服务员 厨师助理	学习基本的服务技巧和操作流程，并逐渐熟悉餐饮行业的工作环境	通常从基础岗位开始职业生涯
技术岗位	主厨 调酒师 营养师	需要不断提升自己的专业技能，掌握更高级的专业技术，以提供更高质量的服务	随着经验的积累和技能的提升，餐饮员工可以选择进入技术岗位
管理岗位	餐厅经理 运营经理 餐饮顾问	具备良好的组织和沟通能力，能够协调各部门的工作，并有效地管理团队，确保餐厅的正常运营	一些有经验和管理能力的餐饮员工可以选择进入管理岗位

注：餐饮顾问是一种新兴的职业，可以为餐厅提供各种咨询服务，包括菜单设计、成本管理、员工培训等。随着越来越多的餐厅希望提高自己的竞争力，餐饮顾问将会变得越来越受欢迎。

此外，建立有效的绩效评估体系也是必不可少的。它可以帮助你评估员工的绩效、能力和潜力，确定哪些员工具备晋升或发展的潜力，并为他们提供适当的支持和指导。激励和奖励机制也是必不可少的。你需要为每个员工提供公平、合理的薪资、福利和奖金，以及晋升机会等激励措施，以鼓励他们努力工作并实现自己的职业目标。

当你完成了这两个维度的规划，才能对员工进行"三维培养"。

111

●员工"三维培养"，从意识到知识到能力

餐厅员工培训是一个多维度的学习过程，包含以下三个维度。

一是意识维度。包括对餐饮行业的认知和认同、服务意识、销售意识、质量意识、团队意识、服从意识等，引导员工对餐饮行业的认同和热情，使之认识到服务的重要性，从而以积极主动的态度对待工作。

二是知识维度。需要保证员工有足够的知识储备以便做好本职工作。包括岗位职责、工作流程、工作标准、管理制度等具体化的条条框框以及服务知识、酒水知识、烹饪知识等辅助知识。

三是能力维度。这是做好本职工作的基本保障。包括良好的语言表达能力、沟通能力、处理投诉和突发事件的应急能力。此外，还需要进行服务技能的培训和练习，如托盘、斟酒、摆台、分菜派菜、口布折花、撤换餐具等。

很多人对员工的培训停留在能力维度、知识维度上，其实意识维度也非常关键。如以服务著称的海底捞，它有着众多堪称独创的服务，而这些不是总部研发出来的，而是每个一线员工的自发性共创。海底捞的成功，秘诀就在于其独特的团队氛围营造和卓越的内部管理，这增强了员工的归属感和忠诚度。

总之，人是高维动物，员工三维思考，而作为高层管理和运营的你还需要高两维。而你高两维的培训系统构建，最终会落地在员工的"三维培养"上，高出的两维具体表现为员工培训和能力培养。

脉络清晰，餐厅员工系统培训

我很认同这句话："如果你不能让客户感到满意，那么你的竞争对手可以。"

当前，不管是普通餐厅还是高档酒店，都在想方设法地满足消费者需求，甚至超过消费者的期望值，以保证消费者能够再次光临。每一个餐饮人也比以往任何时候都更加重视员工的培训工作。

那么，你又是怎么做的呢？很多餐厅在完成新人的集中培训后，就把新人安排上岗，不管不问，而新人往往还不具备工作技能，无法及时反馈和处理问题。有的餐饮店对员工的培训内容碎片化，东一榔头，西一棒子，今天讲仪容，明天讲技

能，缺乏完整的体系，实用性也不高。有的培训流于形式，知识点缺乏针对性、指导性，甚至没有感染力，台上连篇累牍，台下昏昏欲睡……

餐饮业的员工培训、培养内容繁杂，涉及仪容仪表、基础技能、菜品知识、酒水知识、语言技巧、企业文化等方面的内容，是一个系统工程，如果没有很好的规划、计划，很难达到预期的效果，不过是费时费力费人罢了。这里我将结合自身的餐饮管理培训经验，从意识、知识、能力三个维度，教大家构建脉络清晰的员工培养体系。

● 行动之前意识先行

人的思考和行为都是由大脑控制的，所以必须先有意识才能产生行动。在脑科学的研究中，发现大脑会先产生一个意识，然后才会有相应的行动。

所以，在培训之前，你先要帮助员工进行服务意识培训，引导其摆正认知、摆正心态（见表3-2）。

表 3-2 服务意识培训之客我之间的关系认知

摆正客我之间的十种关系	
餐厅与消费者	1.餐厅与消费者是一种"特殊工作伙伴"关系
	2.对于餐厅来说，不是消费者依赖餐厅，而是餐厅依赖消费者，何时何地都要坚持用户中心、顾客至上原则
	3.餐厅经营，不是餐厅拥护消费者才去服务他们，而是消费者喜欢、拥护餐厅才会光临
	4.餐厅营业，不是消费者来打扰服务员，而是消费者来享受服务员的工作与服务，更确切地说是他们花钱来买服务
	5.消费者对餐厅来说不是对抗者，没有人能因对抗顾客胜利而获得成功
	6.消费者不是枯燥无聊的统计数字，而是有血有肉、有感情、有感觉的人

续表

摆正客我之间的十种关系	
服务员与消费者	7. 消费者带来的是要求，而服务员的工作就是想方设法地满足他们的要求
	8. 光顾餐厅的消费者有权利期望和要求为他们服务的人员有整齐、清洁的仪容仪表
	9. 每一个餐厅员工都要时刻提醒自己：顾客永远不是争辩或斗智的对象
	10. 每一个餐厅员工都要牢记：顾客理应得到你所能提供的最礼貌和最关切的对待

服务意识决定着我们工作人员的服务认知和态度。当员工有了这种认知后，便会在服务中，不自觉地调整自己的主观意向和心理状态，从而以主动、热情、耐心、周到的态度对待工作。

●服务水平知识全面

一名出色的餐厅员工不仅必须知道如何回答消费者的提问，更能洞察消费者真正希望了解什么，从而对答如流。这就需要较广的知识面。而餐饮知识也不仅仅是本餐厅的饭菜、酒水方面的知识，还包括对服务流程的熟练掌握，对餐厅设备的使用保养，对民族习俗的熟稔……

餐厅知识大体可以分为四类。

一是经营知识。员工守则、岗位职责、工作流程、工作标准、管理制度、餐厅安全与卫生、设施设备的使用与保养等。

二是服务知识。服务意识、礼貌礼节、职业道德、服务心理学、沟通技巧、外语知识等。

三是产品知识。酒水知识、菜品知识、烹饪知识、宴会知识等。

四是辅助知识。历史地理、习俗和礼仪、民俗与宗教知识、本地及周边地区的旅游景点及交通等。

培训内容可以结合自身实际情况，围绕这些知识板块来设计。

●服务质量能力提升

餐厅工作人员的服务能力至关重要，是提高消费者满意度和餐厅口碑的关键因素之一，你需要有针对性地培养他们的技术能力、观察能力、应变能力、语言能力、协作能力、推销能力（见图 3-2）。

图3-2 餐饮工作人员能力系统

其一，技术能力。掌握娴熟的服务技能（见表 3-3），并灵活、自如地加以运用。

其二，观察能力。服务时应具备敏锐的观察能力，随时关注消费者的需求并给予及时满足。

其三，应变能力。消费者需求多变，服务过程中难免会出现一些突发事件，需要灵活的应变能力，遇事冷静，及时应变，妥善处理。

其四，语言能力。优质服务需要运用语言来表达、沟通，应具有较好的语言表达能力，能够清晰表达。在服务过程中除多用表示尊重、谦虚的词汇（见表 3-4）外，还应掌握一定的外语。

其五，协作能力。要与其他团队成员保持密切的联系，及时分享信息、协调任务。善于倾听他人意见，能够有效表达自己的看法，并能够适应其他团队成员的工作方式。

其六，推销能力。餐饮产品的生产、销售与消费者消费几乎是同步进行的，且具有无形性，所以餐厅工作人员必须根据客人的爱好、习惯及消费能力灵活推销。

表 3-3　餐饮业服务员六大基础技能

类型	要求
端托技能	端托分为单手端托和双手端托，要保持托盘平稳，避免汤汁溢出，同时要注意姿势和步伐，保持优雅大方形象
餐巾折花技能	服务员要学会各种餐巾折花的技巧，如折扇、折鹤、折百合等，以增加餐桌的美感和氛围
铺台布技能	正确摆铺台布，保证台布平整、美观、干净。在铺台布时，要遵循先中间后两边、先垂直后横向的顺序，以确保台布铺得整齐有序
中餐摆台技能	中餐摆台包括摆放骨碟、汤碗、饭碗、筷子、酒杯等，服务员要了解不同用具的用途和摆放位置，以保证客人用餐方便舒适
西餐摆台技能	西餐摆台包括摆放餐盘、刀叉、汤匙、面包等，服务员要了解不同用具的用途和摆放位置，保证客人用餐方便舒适
斟酒技能	包括白酒、红酒、啤酒等不同类型酒的斟法，服务员要了解不同酒的特点和斟法，同时要注意姿势和步伐，保持优雅大方的形象

表 3-4　餐饮业服务六大用语

类型	示例
欢迎用语	您好，欢迎光临！ 很高兴能为您服务！您这边请（指引手势）
介绍用语	请问您喜欢喝点什么茶，我们这里有…… 这是我们的招牌菜，原料是深海鱼中较名贵的…… 这个套餐，非常实惠，最适合您这样的家庭聚餐……
餐中用语	您好，这是您点的深井烧鹅，旁边配有酸梅酱，请慢用。 您好，这是您点的木瓜汁，是否需要现在倒上？ 您好，请问您有什么需要吗？

续表

类型	示例
收款用语	您好，这是您的零钱和发票，请收好（双手敬奉手势）。 这是您的消费单，请过目（双手敬奉手势）。 请各位带好自己的随身物品，您这边请（指引手势）
道歉用语	非常抱歉给您带来不便！ 我们会立即解决您的问题。 这是我们的失误，请接受我们的道歉
道别用语	您好，请问今天吃好了吗？有什么服务不周的地方，请您多提宝贵意见。 请慢走，谢谢光临，欢迎下次光临！

不管是培训还是实际工作中，团队氛围都十分重要。一个良好的团队氛围可以为员工提供丰富的学习和发展机会。海底捞的成功，秘诀就在于其独特的团队氛围和卓越的内部管理，增强了员工的归属感和忠诚度。可以运用"五处理念"打造良好的团队氛围。

人都有长处，相互学习。

人都有短处，相互宽容。

人都有难处，相互帮助。

人都有苦处，相互体谅。

人都有好处，懂得感恩。

员工的培训、培养不是成本，而是投资，这可能是世界上最昂贵的投资，但也是最有价值的投资。

知彼不惑，顾客心理图谱式研究

餐饮服务是一座沟通与交流的桥梁，连接餐厅（员工）与消费者。

消费者可以通过餐饮服务了解餐厅菜品和服务；餐厅可以通过服务了解消费者需求和反馈，为消费者提供更好的用餐体验。

当你在高维度餐厅构建服务体系时，也要在高维度把握消费者的消费行为，认知消费者购买行为的心理过程和心理状态的一般规律。

消费者的购买行为（选择餐品和用餐）是一个"发生—发展—完成"的过程，在这个过程中，消费者的购买决策与他们的心理和心理状态有着直接关系。你需要探究消费者购买行为中的决策心理过程、消费心理倾向和消费心理变化趋势，从而构建更好的服务逻辑（见图 3-3）。

图3-3　高维构建餐饮服务逻辑

● 决策心理过程

消费者对餐饮产品和服务做出购买决策的过程包括认识过程、情绪过程和意志过程，且这三个过程是连续的，相互作用和影响的，最终形成消费者的购买决策和行为（见图 3-4）。

认识过程

"五觉"感知，信息加工理解，做出判断或购买决策

情绪过程

感受到情绪体验，做出评价或购买决策

意志过程

在认识、情绪基础上，根据需求、目标产生购买决策

图3-4 消费者做出购买行为的决策过程

认识过程。消费者通过视觉、嗅觉、味觉、触觉等感觉器官来感知餐厅产品和环境，并对这些信息进行加工和理解，如通过记忆和联想来识别产品种类、特点、优劣等信息。同时，还会通过思维和判断来分析产品的营养成分、卫生状况、价格等信息，以决定是否购买。

情绪过程。在接触和体验餐饮产品或服务过程中，感受到诸如愉悦、满足、惊喜等各种情绪体验。这些情绪体验可能来自产品口感、气味、外观，也可能来自服务态度、环境氛围。情绪过程影响消费者对产品和服务的评价与购买决策，如果消费者对产品、服务感到满意，就会产生积极的情绪体验，进而产生购买意愿和忠诚度。

意志过程。在认识和情绪过程的基础上，消费者会根据自己的需求和目标，产生购买决策和行动。这个过程是由意志支配的，包括制订购买计划、进行购买决策、实施购买行为等步骤。在意志过程中，消费者会受到自身心理因素和社会环境因素的影响，例如购买动机、购买能力、文化背景等。

消费者决策心理过程贯穿整个产品、服务始终，需要你在产品、环境、服务三个方面的设计标准、规范，力求完美表达和呈现。

● 消费心理倾向

人作为社群动物，或多或少都具有很多共性。消费心理也是如此，消费者对餐饮消费普遍存在着追求物美价廉、求新求异、求美趋时、求名攀比等心理倾向（见图3-5）。

追求价廉物美
往往会考虑价格和质量的关系，寻找性价比高的产品

求美趋时
对美食的外观、颜色、口感、材质等方面有较高的要求，同时也会追求时尚和潮流

求新求异
对新的、不同的餐饮产品或服务往往感到好奇和兴奋，愿意尝试新的口味和体验

求名攀比
往往考虑其品牌价值和口碑，以及与其他人的比较和炫耀

图3-5　餐饮消费中的消费者消费心理倾向

这些心理倾向的表现形式、程度和范围以及心理机制等都会影响消费者的消费决策。你需要了解消费者的心理需求和倾向，并提供相应的产品和服务，以吸引更多的消费者并提高其满意度。

● 消费心理变化

前文我已经和大家分析过了，消费者需求是不断变化发展的。今天，餐饮消费者的需求动态及消费心理变化趋势如下（见图3-6）。

体验追求越来越高
食物味道、价格、餐厅环境、氛围、服务体贴、周到等

外出就餐
频率增加

互联网＋餐饮

就餐意愿多样化
个性咖啡馆、浪漫的西餐厅、快捷便利的快餐店等

餐饮需求变化发展
关注质量、服务、健康、营养、环保、便捷等

图3-6　餐饮消费者需求动态及消费心理变化趋势

外出就餐频率增加。随着生活压力增大，消费者外出就餐的频率呈现上升的趋势。相比传统的家庭烹饪，外出就餐可以节约时间和精力，满足快节奏生活的需求。

就餐意愿多样化。消费者不再局限于传统的三餐模式，而是更加注重个性化，根据自己的需求和心情选择不同类型的餐饮场所。

体验追求越来越高。随着社会经济的发展和消费者价值观的转变，消费者对于体验的追求越来越高。

餐饮需求变化发展。消费者对于餐饮的需求将会更加多样化和个性化。

互联网与餐饮的结合。消费者可以通过互联网进行订餐、支付、评价等操作，提高就餐的便利性和效率。互联网也可以为餐饮企业提供更多的营销和推广渠道，以提高品牌知名度和销售额。

餐饮服务只有始终以用户需求为导向，贴合主流趋势，顺应时代发展，才能永远不会过时。

当你在逻辑层面对服务对象及方式有了了解和规划后，接下来便是针对不同类型的消费者采取不同的服务技巧。

细节取胜，九大类型客户服务技巧

有时，一桌很糟糕的饭菜令消费者非常恼火，但是由于服务员热情、恰如其分的服务会令他们转怒为笑。

有时，一桌精美的食物会令消费者赏心悦目，但是却可能因为服务员粗糙和蹩脚的服务令他们转笑为怒。

为什么会这样？

造成效果截然不同的原因，就在于服务员能否针对消费者不同的心理需求而采取与之对应的服务。

消费者在购买行为中的心理过程和心理状态，能体现出他们的个性心理需求特征，而个性心理特征又反过来影响他们的购买行为。

在实际经营中，根据消费者的气质、性格上的差异，可以将他们分为多血质、粘液质、胆汁质、抑郁质四大类型；也可以根据消费者购买餐饮产品的偏好程度和决策能力，将他们分为社交聚会型消费者、商务宴请型消费者、美食爱好型消费者、家庭亲子型消费者等。

只有研究消费者类型，研究消费者在购买和消费行为中所表现出的不同心理活动特点，才能做好服务的应对之策（见表3-5）。

表 3-5 不同气质特征的餐饮消费者

气质类型	特点	服务方法
多血质（活泼型）	活泼好动，喜欢与外界接触，倾向于氛围活跃、服务周到的餐厅	提供多样化、趣味性服务
粘液质（安静型）	稳重、内敛，喜欢安静、平和的环境，更愿意选择舒适、私密的餐厅	提供安静、舒适的环境，服务时注重其私密性需求
胆汁质（兴奋型）	性格开朗、热情，喜欢尝试新事物，喜欢充满活力、富有创意的餐厅	活跃氛围、举办特别活动，以激发其兴趣
抑郁质（敏感型）	比较敏感、细腻，注重个人感受，喜欢服务周到、注重细节的餐厅	提供贴心、细致的服务，关注需求，使其感受到尊重与关怀

然而，道理都懂，知易行难，具体到实际，还是会状况百出。因为实际的餐厅服务具体、琐碎，特别容易因一招失误而导致满盘皆输的情况。

所以，这里我将换个角度——从顾客行为特征，结合我自身的餐饮经验及服务细节，为大家介绍九种不同类型的消费者的心理特征、习惯以及与之相对应的细节服务，希望能给你带来有益的启示。

● 主人型消费者——给足对方面子

主人型消费者，就是一群热爱发表意见、积极参与决策、对服务和菜品质量有着高要求的热情消费者。

他们一般来到餐厅时，好似回到家里一般，不等服务员打招呼，就径直朝餐桌走去，并招呼自己的客人，不管这桌是否被预订，总之先坐下来再说。因此，他们走入餐厅并朝着一张被预订的桌子走去时，服务员应该立即上前礼貌地与他们打招呼（如果认识直呼其名更好），并伸手示意一张未被预订的空台："张 × × 先生，坐这张桌子可以吗？正好六位。"这样只要服务员反应机敏，就能在消费者自己找座之前，做出安排，很好地照顾到他们的面子，避免尴尬。

这种消费者通常也是老顾客，对菜单比较了解，点菜时根本不看菜单，随口就点，而且态度非常理所当然，似乎他们点的菜就应该有。如果他们点了一道菜，菜单上没有，就应该立即告知，但是要请他们稍等片刻，先去厨房问问厨师能否加工，如果能做当然好，如果不能做，则应该委婉地说明并道歉，然后推荐一道类似的菜品，询问其能否接受。

他们还乐于如主人一般地分享自己的看法，无论是餐厅的装修风格、菜品口味，还是音乐选择，他们都有自己的一套见解，希望自己带来的朋友也喜欢这里。因此当他们当着你或服务员的面夸赞餐厅时，你或服务员应当当面表示感谢。

总之，服务这类消费者，一定要充分尊重他们的决策，灵活地满足他们的需求及"掌控欲"，使你不至于太为难，消费者也不失面子。

●领导型消费者——顺着对方思路

领导型消费者是指在餐厅中表现出领导特质或行为的消费者。他们可能会在餐厅中表现得比较强势，希望服务员服从他的指挥，不愿意听解释，而且很好面子，同时对服务、菜品、环境等方面都有较高的要求。

比如，当他们步入餐厅时，会对服务员说："给我们安排一张桌子。"同时他们的目光会在餐厅巡视一遍，然后停留在一张桌子上，实际上这就是在暗示服务员："你要给我们安排那张桌子。"此时，服务员就要立即从他们的语气中判断出他们是什么类型，然后追随他们的目光，确定他们的目光停留在一张桌子上时，立即用手势带领他们到这张桌子旁，拉餐椅让他们坐下。

而点菜时，要先征求他们的意见，得到他们的许可后再点。点完还要当面重复每一位消费者所点的菜品，表示你在认真地为他们点菜，另外也可以避免点错和漏点。在顾客要求结账时，一定要先检查账单，无错漏后，方可递呈上去。

总之，在面对领导型消费者时，要保持专业、热情、耐心的态度，尽可能地顺着他们的思路，满足他们的需求，以便提供更好的服务。

●服务型消费者——服从对方指示

这种消费者一般是老板、领导的助手、秘书，十分能干、周到。当与自己的上级吃饭时，或企业团建时，时常出主意、想办法，帮助服务员点酒水、点菜，有时也会指挥服务员做这做那，好似餐厅经理一般。

遇到这样的消费者，应以他们为中心，积极配合他们，服从指示，凡事多问他们。比如当你认为要给他们添酒水时，要先征求他们的意见，得到允许后再做。需要注意的一点是，在结账时，一定要将账单递给他们，千万不要递给其他人，以免引起不必要的麻烦。

●朋友型消费者——轻松随性、适当推荐

朋友型消费者，性格开朗、随和，当他们步入餐厅时，能和你餐厅的工作人员如老朋友见面一样随意、轻松，甚至问长问短，营造出一种轻松愉快的气氛。

点菜时，他们愿意与同来的朋友和服务员共同参考。比如他们时常会这样问："我点一只烤鸭，你看如何？"此时，服务员可以随和一点，参与点菜，帮助他们选择可口的菜品，而且这种一般都是老顾客，服务员应当记住他们的饮食习惯，适当介绍一些符合他们口味的菜品。

另外，在为他们服务时，适当地开个小玩笑会让他们更开心。

比如，有一个老先生时常来我餐厅吃饭，一进餐厅就会主动和我打招呼，也时常拉着我的手问长问短。有一次他来用餐，看到他换了发型，于是我半开玩笑半认真地说："老爷子您换发型了，看着可真年轻。我想您今天的胃口一定也年轻了，要不要尝试一下我们的新菜品。"我说完，老先生哈哈大笑，高兴地说："我看起来年轻了吗？好，今天就来个新鲜的。"

面对这类消费者，只要注意观察，抓住适当的机会，用一两句话就能让他们高兴。当然前提是要先分清楚是哪一种类型的消费者，不是所有消费者都能这样交谈的。

● 挑剔型消费者——掌握分寸

挑剔型消费者是一类比较特殊的群体，会对餐厅的"软件""硬件"评头论足，同时在为他们服务的过程中，稍微不小心就会招致投诉，比如菜上错了、上慢了，味道不好，等等。

面对他们时，说话一定要简练，不可太烦琐。听消费者点菜时一定要仔细，不能听错，最好不要反复询问，要不然他们会认为你太啰唆。如果他们让你推销菜品时，尽量让他们将要求说得具体些，比如你可以说："先生，不知您喜欢什么口味的菜，您不妨提示一下好吗？我会最大限度满足您的要求。"

餐间服务、上菜时间间隔要适中，不要老围着他们的桌子转，免得他们嫌你碍眼。也不要当着他们的面交头接耳，以免引起消费者疑心并发生误会。同时随时注意这张桌子，如消费者餐巾或餐具掉落，应不等招呼，马上予以更换。

对于他们所提的意见，有则改之，无则加勉，不卑不亢，合理解答。必要时可以免费送上一盘精美的果盘或小菜，这样可以产生意想不到的效果。

总之，服务挑剔型消费者，要掌握好分寸，同时要切记，无论消费者如何挑剔，都要以灿烂的微笑对待。

● 工作型消费者——服务迅速、少打扰

对于有些消费者来说，餐厅也是他们的工作场所，通常会边吃边谈生意。

这种消费者在整个进餐过程中，不希望有人一直站在一旁，因此服务时，一定要随机应变，谨慎小心。

比如，他们通常落座后，就开始交谈，可能不忙于点菜，也可能忘记点菜，这时，服务员就应当站在适当的位置观察他们，10分钟左右如果没有点菜的意思，可以上前借着倒茶水时，问一问是否可以添些酒水，然后再问一问是否可以点菜了。言语一定要婉转，还要跟上一句"对不起，打断您谈话了"。当消费者点菜时，点菜要迅速，上菜后要立即离开，站在适当位置观察，尽量不去打扰他们。

● 旅游型消费者——多关心、多介绍

这种消费者以旅游团为主，他们的消费目的主要是品尝各地不同的美食以及欣

赏不同的地方文化。

他们光顾一家餐厅时，会对这一切都感兴趣，不停地问这问那，比如当地特色美食、旅游景点、风土人情等，并且希望得到满意的回答。这就要求服务员的知识面要广一些，能够回答他们的问题，否则会让他们失望。而上菜时，特别是特色菜，如果能介绍一下菜品名称、特色和烹饪方法，就能很好地提高他们的兴趣，满足他们的求知欲。

另外，有一些特殊情况需要注意，比如水土不服导致身体不适、飞机晚点心情不好、由于长期奔波没有休息好……遇到这些情况，服务员可以格外关照一些，比如单独为他们打壶开水，问一问饭菜是否可口，对于行动不便的消费者，在其用餐结束后主动送他们回客房等，这些举动都会让他们感到温暖、贴心。

●独处型消费者——服务不要太频繁

你时常遇到这样的消费者，一个人，喜欢坐在安静的角落，一边看手机一边用餐。这种类型的消费者，通常是想要放松休息一下，不喜欢被打扰，所以对他的服务不要太频繁。

点菜时，尽量简短，并一次性上好饭菜，之后便不宜打扰。另外，结账时要准备好纸笔，因为这种消费者签单的比较多。

●孩子型消费者——细致入微，帮他安排

这种消费者通常分为两种：一是不愿劳神，让服务员安排一切；二是拿不定主意，需要服务员去安排，尤其初次来的居多。

面对不愿劳神的消费者，服务员必须熟悉菜单，先问喜欢吃的类型，比如鸡鸭鱼肉喜欢吃哪一种类，确定后再去为他们安排菜品。

面对拿不定主意的消费者，首先不能嘲笑他们，而应当细心引导，提出一些有目的性的建议，比如你可以建议："您喜欢吃海鲜吗？我们这里有捞汁蛏肉、扒大虾。"让他们的思路尽快靠近你为他设定的框架。

另外，服务上细致周到，如时常上前问问是否添茶水，菜品是否适口，这些都会让他们感到被关心、被照顾。

总之，对待孩子型消费者，就是细致入微地帮他们安排好，让他们感到你就是

他们最可信的朋友、亲人。

以上我所提到的九种消费者类型及对应服务，其主旨都只有一个——让每一位消费者满意，至少不失望；让服务员在服务过程中劳而有功，至少不劳而无过。

当然，在实际工作中，有些消费者可能同时具备这几种类型的特点，也可能具备这几种之外的特点，但是只要你始终有着服务意识，在服务过程中多动脑筋，灵活处理，问题和麻烦都可以很好地解决。

游刃有余，个性化服务与规范化服务的关系处理

随着餐饮业竞争加剧，餐饮企业想要在激烈的市场竞争中存活、发展，不仅要有规范化、标准化的服务，还需要有个性化服务。

个性化服务是针对独特个体且具有鲜明的灵活性、针对性、突然性、差异性的服务，也是满足不同消费者合理的个别需求，并提供及时、灵活、体贴入微的服务，这比起规范化服务更能打动人心。很多餐饮人也都有"个性化服务意识"。但是要给消费者提供恰到好处的个性化服务并不容易。

我曾在餐饮管理培训课程上和学员们分享过这样一个小故事。

一天，客房服务员在给消费者打扫房间时，发现写字桌上有一颗纽扣，而旁边搭着的西装上也有一颗纽扣仅有一丝线头。于是服务员立即将情况上报给领班，同时给布草房打电话。随后布草房人员在领班和服务员协助下，将衣服纽扣钉好，并将西装在衣架上挂好，还留了一张温馨的纸条："尊敬的张先生您好，我们在为您打扫房间时发现您的西装纽扣脱落。为了不影响您的穿着，我们请了布草房人员，在领班和服务员的协助下，已为您钉好。"

听完这个故事，就有学员说："一个纽扣不用这么麻烦吧，直接拿到布草房钉好，再写个留言就行了。"我问了他一个问题："你知道消费者看到挂在衣架上的西装和留言的第一反应是什么吗？"学员说："肯定很高兴。"我摇摇头："消费者第一反应是先查看西装兜里的证件是否齐全，之后才看的留言。"

而这个服务员的这番操作也是"别有深意"的。首先从保障消费者财产安全角度来说，未经允许不能将消费者衣服带出房间。其次，为了行为规范，酒店规定了

凡是进入客房的物品整理、调试、修葺，均要三人在场方可操作。因此，同样是缝一颗纽扣，不同的操作，给消费者的感受是不一样的，细心的前提一定是建立在合乎标准规范的基础上，让消费者感到安全的细心才会暖心。

所以，当你再谈个性化服务时，不能孤立地去看待，更不能为个性化而个性化，更何况，消费者对个性化服务的需求是有限的，并不是什么样的个性化服务都有价值。

● 规范化服务与个性化服务的关系处理

个性化服务源于标准化服务，又高于标准化服务。没有规范服务的基础而去奢谈个性服务，无疑是缘木求鱼。

规范化服务主要是为了满足大多数消费者的共性需求，强调的是标准化的服务流程和方式，以确保每一位消费者都能得到基本的服务保证。如在餐饮服务中，上茶水和毛巾是常规操作流程，直接为消费者提供服务即可，不需要逐个征求消费者意见。然而规范化服务并不能忽视个性化服务。如有些消费者可能不要茶而要开水，或在夏季不要凉毛巾而要热毛巾等，这时就需要餐厅工作人员灵活应对。再如上一节针对不同类型消费者采取不同的服务方法，这也是一种个性化服务。个性化服务是在规范化服务基础上，满足个别消费者的特别需求。

因此当你在为消费者提供个性化服务时，有以下几个原则要注意。

以优势的核心服务为前提；

以消费者的需求为出发点；

保持餐饮品牌一贯的经营方向；

能够体现餐厅的特色；

同时注重社会效益。

另外，不同的餐厅类型，服务的标准化和个性化侧重点也是不一样的。一般来说，高级餐厅、酒店比较注重规范化服务，先打好基础，稳定服务质量，再在此基础上进行个性化服务；精品店或特色店则更强调个性服务，以个性化方式凸显品牌特性、调性，从而增强竞争力。

● 个性化向规范化转变

消费者在海底捞的等待区等待就餐时，可免费自取水果、饮料、零食，这一做法曾轰动一时，但是今天它已经成了很多餐厅的"服务标配"。而给感冒的消费者提供感冒药或一碗姜糖水、帮助看管孩子、为孕妇送上柔软的靠枕……这一系列为人津津乐道的贴心服务，也成了很多餐饮服务人员的"服务共识"。

往往一些消费者的个性需求也会是消费者的共性需求。通过对个性化服务案例的全面分析，你可以发现隐藏其中的消费者新的服务需求。因此，你要懂得对个性化服务案例进行认真分析，研究个性背后是否存在共性，衡量其推广的难度和可行性，当各方面条件具备时，便可实现由个性化服务向规范化服务转化。如果你能够长期做到对消费者的信息、行为特点、活动规律、个性需求进行归纳总结，在消费者还没提出个性化服务时，先给一个惊喜，你的餐厅必然会在消费者心中占有很高的地位。

另外，这里要特别注意，个性化服务不是某个员工的事情，而是全体员工的事情。如餐厅有一位消费者感冒了，服务员发现后及时报告给主管，主管安排厨房做一碗姜汤，同时让门童出门购买感冒药。没有部门与部门之间的合作，其他员工的参与，个性化服务很难实施。

因此，哪怕个性化服务不能转化为规范化服务，你也需要建立消费者信息的快速反馈机制，创建优质的内部服务链，同时不断激励和培训，塑造餐厅工作人员良好的职业习惯。

总的来说，处理好规范化服务与个性化服务之间的关系，既保证了服务的规范化，提高了效率，又能满足消费者的个性化需求，提升服务质量。在激烈的市场竞争中，餐饮企业需要充分考虑这两方面的平衡，以吸引更多的消费者，提高竞争力。

第二章

服务系统——完整餐饮服务流程设计

什么是好服务？就是通过完美服务流程，让消费者满意。

什么是更好的服务？就是在细节处，让消费者感到惊喜。

亲切周到，餐前服务完美初印象

"峰终定律"是指人们在体验一项事物的过程中，最能记住的就是高峰和结束时的体验。而在过程中的好与不好的体验、持续的时间长短和比重，对记忆的影响并不大。

这个定律成了服务行业最具影响力的管理理念之一，在餐饮业中被广泛运用。例如在海底捞，服务员会在消费者吃火锅的时候，在其对面座位放一个小熊，并说"陪你一起吃"。这个举动瞬间让消费者感到温馨和感动，并可能永远记住这一刻，这就是所谓的"峰值体验"。

另外，如果一个人喜欢吃西瓜，服务员会在他离开时为他打包一个西瓜带走，让他感到惊讶和感激，这就是所谓的"结束体验"。

这些例子都表明了"峰终定律"在餐饮业中的运用，通过关注消费者体验的高峰和结束时刻，能够提高消费者的满意度和忠诚度（见图3-7）。

但是很多人对此有些误解，以为提供个性化服务，制造点惊喜，再做好结束时

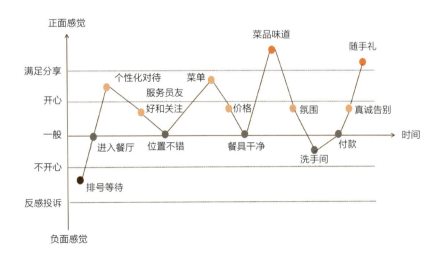

图3-7 餐厅"峰终定律"示意图

那一刻，便可以给予消费者一个愉快情绪、一个更强的记忆。

事实上，"峰终定律"的正确用法是针对整个服务流程中的某个环节和结束环节做深度差异化。它和整个服务的关系如下。

"峰终定律"以整个服务流程为基线，在关键时间点和结尾处，制造终极体验。

服务流程不是某一个环节做得好就是好，而是需要各个环节都做好体验，否则任何一个环节出现问题，整个链条都会失效。

很多时候，"峰值"极致体验完全是"无意识"获得的，其本质便是餐厅工作人员无微不至的服务。

所以，你真正该做的是静下心，深入服务流程，做好每一个环节，然后再用"峰终定律"来为你的服务锦上添花。

而关于餐饮的具体服务流程（见图3-8），内容比较多，我将为餐前服务、餐中服务、餐后服务三个部分为大家详细介绍。这里我先为大家介绍餐前服务。

3-8　餐饮服务流程

餐前服务是指消费者进入餐厅之后直到开始点餐的这段时间内的服务，包括迎客待客、征询温度、拉椅让座等环节。餐前服务目标是为消费者提供舒适、温馨、卫生、规范的餐前环境，以提高消费者的用餐体验。

餐前服务流程及服务规范如下。

● 迎客待客

规范站姿，两眼平视前方，头正肩平，下颌微收，面带微笑；两手交叉放于腹前，右手搭在左手上握住指尖部分，虎口靠拢，指尖略曲，呈左丁字步站立。

主动招呼迎接，接下包裹；声音甜美，语速适中。

领位时，位于消费者右前方 1 米左右，三步一回头，遇到楼梯或转弯处用语言提醒，打出手势。

遇到老、弱、病、残、孕等特殊消费者，应快步向前搀扶。

● 征询温度

消费者进入房间落座一分钟后，立于消费者一侧征询房间温度是否适中："××先生您好，您看房间温度是否适中？需不需要再调整一下？"

● 接挂衣帽

当消费者脱外套时，应首先开口服务："您好，我来帮您挂衣服吧！"然后用右手拿住衣领，左手接左衣袖，接着换手，左手拿衣领，右手接右衣袖。

提醒消费者拿出贵重物品："您好，请问手机或钱包需要拿出来吗？"然后征求消费者意见放在衣柜或椅背，切忌用力抖消费者衣服。

为消费者穿外套时，双手拿衣领两端将外套打开，两衣袖自然下垂，以消费者习惯的方式为其将外套穿好并整理衣服。

● 拉椅让座

消费者入座时，为消费者拉椅让座，身体前倾两手把住椅背两侧，借助膝盖力量轻轻抬起，往后拉至适当位置。

消费者下座，再将椅子轻轻送回，动作要轻、稳、准。

对于特殊消费者，如 6 岁以下儿童、老人、残疾人、孕妇，为其提供特殊服务，如儿童椅、靠垫等。

● 派香巾

根据天气变化提供冷（热）毛巾。如用热毛巾时要提醒消费者，避免毛巾太热烫伤消费者。保证香巾干净、整洁、温度适中、整齐美观、无异味，而且要经过严格消毒。

●问茶

消费者落座沙发后，站在消费者右侧，距消费者0.5米外询问为其准备什么品种的茶水。

如消费者不点茶水，可直接准备白开水。

消费者点茶水时，双手将茶单递给消费者，并主动分类介绍。

●斟茶

泡茶时，根据消费者所点不同的茶叶注意开水温度。

倒茶时，小杯八分满，大杯六分满。

杜绝出现半杯现象，操作注意要不滴洒、飞溅，以避免烫伤消费者。

●赠送水果或茶点

赠送一些水果或茶点，供消费者聊天时享用。

给消费者介绍赠送的水果或茶点，是你为他们准备好的。

●上毛巾

为每位消费者上毛巾，在消费者左手边操作，是所有操作中较特殊的一项。放于毛巾碟上，开口朝左，同时收掉脏毛巾。

撤换毛巾时，毛巾篮放在托盘上，用脏物夹收掉脏毛巾，用毛巾夹上干净的毛巾。

另外，根据"峰终定律"，用餐前的等待时间往往会对消费者的体验产生较大的负面影响。因此，如果你的工作人员能够为消费者提供一些小服务，如茶水、报纸、扑克牌或免费的小吃等，并且关心他们的需求，甚至能够记住他们的号码并及时通知他们前面还有几桌和大约需要等待的时间，相信这会让他们非常满足。

为了消磨等待的时间，一些餐饮店创新性地设置了游戏机、美甲等服务。这些举措不仅能够让消费者觉得等待时间不再那么难熬，还能为他们带来一份额外的价值感和体贴感，也增加了他们对餐厅的好感度和忠诚度。

耐心有序，餐中服务宾至如归

餐中服务是消费者在用餐期间所享受到的一系列服务，涵盖了点菜、点酒水饮品、加减餐位等多个环节。作为餐饮服务中耗时最长、过程最为复杂的一部分，餐中服务对于营造"峰值体验"至关重要。

在餐中服务中，服务员需要具备良好的沟通技巧和应变能力，以理解消费者的需求，并为其提供专业的建议和协助。此外，餐中服务还需要注意细节，例如及时清理餐盘，保持桌面整洁，为消费者提供舒适的用餐环境等（见图3-9）。

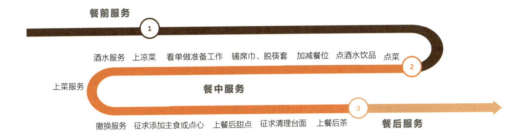

图3-9　餐饮餐中服务流程

具体来说，餐中服务流程及服务规范如下。

● 点菜

根据消费者到达人数情况，主动征求消费者意见是否点菜，得到消费者许可后马上把菜单双手递给消费者看，询问用餐人数及禁忌。

点菜时应遵循先招牌后特色、先冷菜后热菜、先汤菜后主食的顺序，并介绍每道菜的配料、味型及制作方法，供消费者选择。

依据"消费者消费过程最大满意度"的经营理念，向消费者提出合理化建议，考虑菜量多少、荤素搭配、盛器搭配。

上菜前若消费者人数有变动应及时通知厨房，加减位数和餐具，同消费者核对所点菜式并询问是否上菜。

● 点酒水饮品

根据消费者点菜的消费档次灵活引导消费者点酒水，并主动介绍酒水品种及价格，当消费者点价格比较高的酒水时用手指向价格处给消费者提示确认一下。 点完酒水时主动问饮品，根据消费者要求及季节推销饮品（如消费者有糖尿病主动推销木瓜汁、无糖酸奶），当消费者点完酒水饮品后要重复一下给消费者确认。

● 加减餐位

加或撤餐具等操作要使用托盘，使用托盘是规范服务的表现，禁止"空手道"。加减餐位后，注意餐位与餐位之间的距离要相等，而且方便消费者看电视。 要求所有多余的椅子背靠墙，距离墙面的位置 10 厘米。

● 铺席巾、脱筷套

从主宾位右侧开始操作，轻轻打开席巾，右手在上拿席巾一角。

铺席巾时，席巾沿桌边滑行向上，右手拿的席巾一角放在展示碟中间位置，左手按住席巾中部，以防拿起展示碟时席巾滑落，同时右手抽出展示碟盖在席巾上面，铺好后整理平整，切记不可用力抖席巾。

逐个餐位铺席巾、脱筷套，筷套夹于右手食指和中指间。

● 看单做准备工作

按消费者所点的酒水饮品准备好相应的杯具，提前上台。

按消费者所点的菜式准备好相应的餐具、配料，如辽参、鲍鱼需根据所点数量准备好相应套数的刀、叉，左叉右刀正确摆放。

所点菜品若需配料或配具，本台服务人员应负责监督落实，避免菜与配料或配具没有同时上桌的情况发生。

检查菜单位数菜品是否和用餐人数相符，或哪些消费者吃哪种位数菜，有哪些爱好和禁忌，做好客情。

● 上凉菜

注意摆放，上凉菜应遵循两个对称、三个品型、四个十字、五个梅花、六个六角形的摆盘定式；注意手法卫生，拇指不要反钩在凉菜碟里面；注意荤素搭配、器皿搭配、颜色搭配、味型搭配及盘间距离相等。

● 酒水服务

先征求消费者意见再开酒（要使瓶、商标朝向消费者，说明酒的度数、容量、产地、香型），提前摆好相应的杯具，并根据消费者要求使用大杯或小杯。 斟酒水时要侧身丁字步，左手若不端托盘自然放于身后，从主宾位右手边开始，先倒白酒、红酒，最后倒饮料，杜绝左右开弓、反手倒酒。斟酒时，瓶口与杯口相距为2厘米，旋转半周以免酒滴在桌面或消费者身上，软包装饮料应该在工作台上剪开包装然后再倒，以免溅在消费者身上。

● 上菜服务

先冷后热、先名贵后普通、先海鲜后小炒、先荤后素、先咸后甜、先点心后主食，头盘、刺身、卤水先上，海鲜类如白灼虾可以第一时间上，鲍鱼、海参、鱼翅、鱼肚、燕窝先上，有高档菜式时其他风味小炒稍后再上或跟上，最后上青菜。

所有菜品应配备公勺、公筷或公叉，以方便消费者用餐（如上牛扒需跟刀叉，左叉右刀摆放正确），上汤菜时应先征求意见是否需分汤，如不需要，则将汤上至转盘，然后拿一个大汤勺放于骨碟上摆在汤盆右边即可。如需分汤，不建议在备餐间操作。

上菜时，先移动菜位后上菜，把菜品转至主宾和主人中间，退后一步报菜名，如需分餐从主宾开始顺时针操作，应注意一次分均，分餐不可越位，不可从消费者肩上或头上越过，注意手法卫生，左手拿骨碟右手分餐。最后不要忘了服务敬语如"请慢用""请品尝"等。

● 撤换服务

① 撤换骨碟

每上一道热菜需更换一次骨碟，做到一菜一味一骨碟。撤换时，站在主宾右侧丁字步、身体前倾、侧托，首先将干净骨碟放置托盘内侧，所换下骨碟放在托盘外侧。

用中指挑起骨碟边缘部位，四指内移，抠住骨碟底棱，用拇指肉厚部位固定骨碟边缘，将骨碟放于展示碟上，手撤出时，呈请手礼手势，轻拿轻放，避免发出声响，不要将汤汁洒在消费者身上。最后不要忘了服务敬语"您请用"。

② 撤换烟缸

撤换时侧托，采取三换一手法：用干净的烟缸盖在需换的烟缸上，然后将两个烟缸同时撤下，放在托盘中，右手再将另一干净的烟缸放在桌面上，轻拿轻放，不打扰消费者为宜，动作细腻，防止烟灰飞扬；要随时注意烟缸的使用情况，有烟蒂便换。最后不要忘了服务敬语"您请用"。

● 征求添加主食或点心

在完成所有菜品上桌之后，你应该主动告知消费者菜已经上齐。接着，你应热情地询问消费者是否还需要添加主食或甜点。同时，你可以积极介绍主食和甜点的种类，以满足消费者的需求。

下单时应准确，并写好名称、分量，还应该注意提醒消费者，关于主食和甜点所需的加工时间，以便消费者能够合理安排时间。

● 上餐后甜点

在用餐结束后，你应为每位消费者呈上精美的餐后甜点。在为消费者服务甜点前，应先收掉骨碟，以确保餐桌的整洁和舒适。

● 征求清理台面

征求消费者是否需要打包，打包完毕所有菜品盛器撤离台面，酒水杯具若不再需要，撤到备餐间，要始终保持台面清洁。

● 上餐后茶

当消费者用完甜点后，要及时上一杯餐后茶，先倒茶水再上茶，上茶时要注意动作细腻，避免操作时烫伤消费者，泡餐后茶要重新换茶叶，还要注意开水温度、茶叶分量、茶水颜色。

在为消费者上茶时，你要用礼貌的语言提醒他们注意茶水的温度，并小心烫伤。例如，你可以说："请小心烫，这是您餐后的茶。"这样的服务敬语能够让消费者感受到你的关心和热情，从而提升你的服务质量。

在整个服务过程中，你需要时刻观察并注意哪个环节能让消费者感到十分满意，因为这可能就是餐厅的"峰值"所在。为了创造这种"峰值"体验，可以增加一些个性化的服务。

例如，当消费者带着小孩时，你可以及时为他们搬来宝宝椅，并在点菜时为他们介绍一至两道适合小朋友的菜品。有时候，照顾好孩子可能会比照顾大人更容易得到消费者的满意。另外，当消费者离开座位去洗手间时，你可以将他们的餐巾叠好放在一边，等他们回来再打开。最好每次都能叠出不同的花式，这样会让消费者感到更加惊喜和贴心。总之，只要你始终细心、用心，以心换心，就能为消费者带来最佳的体验。

规范和蔼，餐后服务印象加分

餐后服务主要指的就是结账服务和送客服务。餐后服务是餐厅运营中不可或缺的一部分，包括但不限于清理和整理餐桌、处理消费者的反馈和疑问以及提供优质的售后服务。这些服务不仅能够提升消费者满意度，还能促进餐厅的营销推广，维护良好的消费者关系，为餐厅的长期发展奠定基础。具体来说，餐后服务流程及服务规范如下。

● 核对账单

上完餐后茶，要马上核对消费者餐中所点的物品是否登记齐全，位数菜品是否和消费者用餐人数相符。如果消费者未打开酒水饮品，应主动询问是否需要退回吧台，核对工作完成后即可等待结账。

● 结账

消费者提出结账时，双手递上账单并用手示意消费金额处，问清消费者结账方式，现金、刷卡或其他，若现金结账应当面点清，然后请消费者稍等找零马上送来，找零需用专用零钱袋（带有本店店标）双手递给消费者，请消费者点清。

● 送客

看到消费者起身主动上前协助拉椅，帮消费者拿物品并提醒带齐随身物品。送客时，位于消费者右前方1米左右。在行走时，要保持三步一回头，以确保消费者跟得上，遇到楼梯或拐弯处用语言提醒并打出手势。

将消费者送到停车场，主动开车门，待车启动后挥手告别、目送离开，方可回岗。若消费者住得比较近步行回去时，服务员要送消费者至停车场离店30米外，与消费者挥手道别，方可回岗。

在服务过程中，你应该使用礼貌用语，如"您好走！慢走！欢迎下次光临！"等，这些用语能够让消费者感受到你的热情和周到的服务。

● 收尾工作

关闭电源，打开工作灯；回收物品，并归还其他部门物品，恢复大体的摆设；清洗餐具，擦干餐具，摆台；清理地面卫生和洗手间卫生，盘点备餐间物品。

在餐后服务的过程中，你还需要密切关注消费者的需求，及时提供帮助，如添加调料、解答疑问等。对于消费者的反馈和建议，服务员应认真对待，并及时向相关部门反映，以便及时解决问题，提升消费者满意度。

此外，根据"峰终定律"，一个良好的餐后服务——"结尾体验"对于消费者对餐厅的整体印象非常重要。你可以为消费者提供一些额外的服务，如为消费者提供免费的饮料或甜点等，这些服务可以让消费者在结算时感到惊喜和愉悦。

大家会发现，我对餐前、餐中、餐后服务的介绍相当详尽。在我看来，做服务就是做细节，这些细节能够体现餐厅服务的专业性和服务质量，让消费者感受到贴心和舒适，并因此赢得消费者的信任和好感。我也希望这样的详细介绍，可以直接应用于员工的技能培养。

完美菜单，周至的"餐厅名片"

菜单是什么？很多人觉得，菜单不就是一本让消费者选择吃什么菜品的介绍手册吗？其实并非如此简单。

菜单涉及和影响到方方面面，它不仅为消费者提供产品信息和点餐决策依据，更对餐厅的盈利结构、后厨生产节奏以及销售业绩产生直接和深远的影响。

菜单是餐厅或门店产品结构设计的最终展现，它不仅反映了餐厅或门店提供的食物种类和特色，还影响了后厨的生产节奏和流程。

菜单设计直接影响到餐厅或门店的盈利结构。菜单上的菜品价格和成本核算直接关系到餐厅或门店的利润水平。

菜单是餐厅主要甚至唯一的销售界面，它的设计和呈现对于吸引消费者和提高销售量至关重要。

菜单是餐厅服务中至关重要的一部分，它不仅为消费者提供有关菜品的信息，还能影响消费者的点餐决策和用餐体验。

那么，什么样的菜单才算是好菜单？或者说该如何设计一份完美的菜单呢？

●菜单设计原理及方法

菜单通常包含以下几个基本要素：封面、产品结构、规格、样式、菜品图片、文字、颜色。但是仅仅知道这一点，不过是将菜品罗列出来，起到一个价目表的作用而已，想要设计一份好的菜单，首先要明白设计和制作的四个重要原则。

一是彰显品牌形象和价值观。菜单设计的主色调要和你的餐厅主色调及产品一脉相承，从而将你的品牌形象和价值观通过菜单准确地传达给消费者。

二是反映消费者需求。根据市场情况定期更新菜单。如根据销量做产品调整，将最受欢迎的菜打造成招牌菜；根据消费者买单行为为菜品投票，决定菜单的变革。记住，消费者的检验会比你自己琢磨更有说服力。

三是页面简洁有力。排版简单清晰，分类明确，给人一种简单明快的感觉；菜品编排有主次之分，在菜品搭配上给出合适又恰如其分的建议。记住，一份设计精良的菜单一定能够帮助消费者迅速找到感兴趣的产品，进而促使他们完成点餐决策。

四是创造经济价值。好的菜单设计不仅可以提高销量，还可以通过合理的定价和成本控制实现更高的利润。在菜单设计中，要包含核心产品、流量产品、利润产品，将所有不同功能类别的产品组合起来可达到吸引消费者、提高销售额和实现盈利的目的。

当你知道了这四个菜单设计原则，针对具体的菜单设计和制作，可以使用以下技巧。

① 一定要主次分明，招牌菜、推荐菜要突出，主食类、小吃类、汤和饮品类要合理搭配，从而让消费者一目了然主打菜品是什么，哪些是必点的，哪些是可以根据自己的兴趣去尝试的。

② 菜单内容布局不能太杂乱，要聚焦主体，一切也都是为了突出主体，同时切忌内容太多，要避免喧宾夺主。菜单的目的是让消费者知晓菜品的内容和价格，这两项内容是菜单的核心。

③ 最想推荐给消费者的菜品，如招牌菜、推荐菜一定要有图片，而且图片一定要精心设计，要一下就能抓住消费者眼球。内容设计可以别出心裁一些，如强调食品原料，或介绍吃法，或讲述深厚的烹饪知识，内容介绍不要贪多（见图3-10）。

注：88秒小黄鱼，黄鱼肉质细嫩，口味极佳，为滋补珍品，清朝时被列为贡品。由砂锅焖制而成，多一秒太老，少一秒太生，88秒刚刚好，既没有煎炸的油腻，也没有清蒸的腥气。
2010年在中国美食节中荣获"创意奖"

炭烧：

一、炭烧可以在肉的表面达到猛烈的 482 摄氏度，比标准的没有红外燃烧器的气烤炉要热得多。如此高的温度，可以让食物的表皮变成我们钟爱的酥皮的同时，保持肉内部的红色或粉红色。

二、炭烧的主要优势是烟炭烤的味道，源于食物的油脂滴落在炭火上，油脂迅速烟化，这个烟，其实也是一种风味的来源。

图3-10　庭院人家菜单样图

④ 在选择菜单字体时，需要考虑到菜品的品类并从消费者的角度出发。除非你的产品本身非常独特，否则最好选择比较常见的字体，这样消费者能够一眼认出并感到舒适。因为对于消费者来说，菜单的易读性和舒适度比任何个性都重要。

⑤ 菜单的大小应与餐饮内容、餐厅类型、餐厅面积、餐桌大小和座位空间等因素相协调，以确保消费者拿起来舒适，阅读时方便。因此，选择合适的菜单开本是非常重要的。

⑥ 在使用菜单时，应尽量避免随意地涂改，尤其是像价格这样敏感的信息。因为这样的涂改会让菜单显得非常不严肃，且不雅观，可能会引起消费者的极大反感。

另外，现在很多餐饮店推行电子菜单，但也不要忘记准备纸质菜单。尽管电子菜单更加便利、时髦和灵活，但它永远无法比拟纸质菜单带来的感官体验和仪式感。纸质菜单能够给人们带来更加直观、生动的视觉冲击力，让人感受到更加真实的用餐体验。

● 菜单个性化服务

一个具有创新精神的餐饮店，应该在各个方面都能体现出创新精神。菜单是餐厅的重要组成部分，因此创新也应该首先体现在菜单上。

　　然而对于菜单的个性化服务，很多人存在着误解，要么没有创新意识，认为菜单就是在精美纸品上印上菜名和价格而已；要么就将个性等同于设计，菜单被设计得花里胡哨。

　　对于没有创新意识，菜单设计上如果能做到别具一格、独具匠心，便是走出了创新的第一步。因为设计独具匠心便是菜单的个性表达之一，可以让消费者感受到品牌的气息和文化品位。而对于菜单设计已经别具一格的餐饮店来说，菜单的个性化服务还可以从以下几个方面有所体现。

　　一是菜单内页的内容应该及时更新。即使只是小部分的更改，例如每周的例汤、当天的特色菜等，这些最新的内容，搭配与当天（例如特殊节日）相符的菜品和问候语，能够让消费者在打开菜单时就感受到他们所享受的是最新的服务，并产生一种新鲜感和亲切感。

　　二是为 VIP 消费者"定制"菜单。餐厅应该根据预订记录本上的相关信息，为 VIP 消费者提供特别的菜单。这样的菜单可以包括消费者的姓名、祝福语等个性化内容，让消费者感受到餐厅的用心和温暖。这不仅体现了餐厅对消费者的尊重和关心，还能增加消费者的归属感和满足感。

　　三是关注儿童菜单。除了提供独具特色的成年人菜单，餐厅还可以准备精美的儿童菜单。这份菜单上列出的菜品和饮料数量并不很多，可以印在一张色彩鲜艳的纸上，并设计得活泼可爱些。每当有儿童消费者在父母的带领下来到餐厅用餐时，服务员可以先为小消费者送上可爱的儿童菜单，这会让他们感到惊喜和愉悦，从而达到意想不到的效果。

　　当然，以上提到的几点也只是抛砖引玉，大家还可以发挥自己的聪明才智，创造出更多富有特色的菜单，为消费者提供更加科学合理的菜单服务。通过不断创新和改进，你可以更好地满足消费者的需求，提升他们的用餐体验，为餐厅带来更多的客流和收益。

科学点菜，人—码—机多元交互

点菜是餐厅服务的一环，也是推销菜品的过程。

那么，当向消费者推销菜品或消费者询问菜品信息时，你或你的服务员会如何介绍呢？以平桥豆腐为例。你可能会说："这碗平桥豆腐精选南方嫩豆腐，辅以河虾仁、鸡蛋皮、香菇、木耳、熟鸡肉粒、笋等辅料，经老母鸡汤、葱、姜等调味而成，鲜嫩、软滑，营养丰富，适合任何人群。"听的过程中，消费者可能会频频点头，听了你的介绍他们会知道这道菜的用料、技艺讲究。

但是，如果你再对消费者说："这是一道乾隆帝吃过并命名的菜。"效果又会怎么样呢？消费者会大为吃惊，对这道菜的兴趣瞬间大增。倘若你再告诉他一段关于平桥豆腐和乾隆帝的故事，不仅能满足他的好奇心，而且还能让平桥豆腐这道菜，在他心中提高好几个档次，并留下深刻的印象。当他真正品尝这道菜时，获得的体验也是无与伦比的，毕竟"我吃的是连皇帝都赞不绝口的菜"。今后他若领着朋友来，很大程度上也会点上一道平桥豆腐，甚至会和朋友显摆一番平桥豆腐的来历。

所以，点菜可不是仅仅递菜单、记菜名这么简单，它是一门艺术，也是一门学问。想要让消费者满意，服务员可能得十八般武艺样样精通。

● 知己，做好点菜基本功

在服务流程中，从程序上看点菜服务很简单，征询消费者点菜意愿 — 循序点菜原则 — 提供合理化建议，但是要将这些程序有机地结合起来，达到让消费者满意的效果，却不是一件简单的事情。

比如，消费者的口味各不相同，有的喜欢重口味，有的偏好清淡；消费者的饮食习惯也大相径庭，有的喜欢中式，有的偏爱西式；消费者对餐厅菜品的熟悉程度也千差万别，有的可能对某些菜式一无所知；消费者对产品风味和价格的要求也各有千秋……

在面对众多差异时，首先你要做到知己。具体来说，便是熟知自己餐厅的菜品信息，细致到主料、辅料、调料、制作过程、制作要领、成菜特点、文化背景，尤其是招牌菜和主推菜品的相关信息。这是对自身餐厅的基本认识，也是对消费者需求的尊重。只有当你在这些方面做到心中有数，才能避免面对消费者的提问时出现一问三不知的情况。

因此，服务员必须准备一份详尽的菜品资料（如表3-6平桥豆腐菜品资料），方便他们学习了解，从而更好地为消费者推荐菜品。

表3-6 平桥豆腐菜品资料

类别：＿＿＿＿＿＿　售价：＿＿＿＿＿＿　菜品编号：＿＿＿＿＿＿

	菜名	平桥豆腐
	主料	南方嫩豆腐
	辅料	河虾仁、鸡蛋皮、香菇、木耳、熟鸡肉粒、笋
	调料	老母鸡汤、葱、姜、香菜末、水淀粉、糖少许、盐、味精、猪油少许、鸡油
	成本	
制作过程	把豆腐切成小菱形片，虾仁、香菇、木耳、鸡肉粒、笋切碎备用，锅上火烧热放猪油，把葱、姜煸香，放入虾仁、木耳、香菇、笋、鸡肉粒，煸炒后放入豆腐量的一半鸡汤调味，再放入豆腐烧开，放入水淀粉推匀后撒上香菜末，再用热猪油和鸡油推进豆腐中即可	
制作要领	不能搅动豆腐，防止豆腐碎掉，放糖仅仅是为了提鲜，不能太多，一定要把油推进豆腐中才能保持烫和嫩滑	
成菜特点	鲜嫩、软滑，营养丰富，适合任何人群	
文化背景	传说，乾隆皇帝下江南，路过今天的淮安市平桥小镇。当地有个大财主林百万，为了讨好皇帝，加封受赏，便在平桥镇的四十多里路上，张灯结彩，地铺罗缎，把乾隆圣驾接到家里。皇上到家后，林百万命令厨师用老母鸡原汁加上虾仁、香菇、木耳、笋等烩制豆腐，用鲫鱼脑髓提鲜，献给皇上吃。乾隆边吃边品味，感到十分可口，别有风味，夸赞有加，赐这道菜叫"平桥豆腐"。这道菜看似不冒热气，其实很烫，因为厨师在出锅的时候淋上一层鸡油，这也是淮扬版满汉全席中的十大名菜之一	

当然，除了菜品信息，服务员还应该掌握味型、调味原理、食材搭配原则以及酒水与菜品的搭配等知识，这些内容都应该在员工培训中得到涵盖和学习。

●知彼，五大点菜方式技巧

点菜时，你不仅要接受消费者的指令，还应作建议性的推销，让消费者乐于接受。因此要仔细观察消费者的言行举止，力求读懂他们的心思，并要掌握一定的沟通和推销技巧，让消费者更愿意尝试你推荐的菜品。

而在点菜服务环节中，点菜时应遵循先招牌后特色、先冷菜后热菜、先汤菜后主食的顺序，并介绍每道菜的配料、味型及制作方法，以供消费者选择。依据"消费者消费过程最大满意度"的经营理念，应向消费者提出合理化建议，并考虑菜量多少、荤素搭配、盛器搭配。

以下是按照上菜顺序点菜技巧和按照产品结构点菜技巧。

按照上菜顺序点菜。这是最常用的方法，也被称为程序点菜。具体来说，就是按照先冷后热，然后汤类、主食、点心的顺序来点菜。这样点菜不仅效率更高，而且还能确保菜品在最佳的温度和口感时上桌，为消费者提供更好的用餐体验。

按照产品结构点菜。点菜时，根据菜单上不同类型的食物，如荤菜、素菜、海鲜等，按照食品结构进行有效的组合和搭配，以确保消费者在品尝美食的同时，也能享受到不同口感和营养的平衡，以此提升消费者满意度。

此外，以下三种点菜技巧也要综合考虑。

一是按照就餐人数点菜。即根据消费者的人数来决定点多少菜肴。例如，消费者只有 2 个人，只需要点 2—3 道菜就足够；3—4 人，可以点 3—4 道菜，再加一个汤；4—5 人，可以点 4—5 道菜和一个汤，以此类推。如果消费者多点了，你可以适当地提醒他们，以避免浪费。这样，消费者会感受到你站在他们的角度考虑问题。

二是根据消费习性点菜。不同的消费者、不同地方的人，饮食习惯和口味都有所不同，如老年消费者通常喜欢口感松软、分量少而精致的菜品，而赶时间的消费者则更注重上菜速度和味道是否可口。根据这些消费习性，服务人员可以推荐适合的菜品，以满足消费者的需求。

三是根据消费能力点菜。根据消费者的消费层次和实际支付能力来推荐相关菜肴，如对于支付能力较强的消费者，可以推荐一些中高档的菜肴，如海鲜、河蟹、野味、菌类等特色菜肴；对于有支付能力但不一定追求高消费的群体，可以推荐一些家禽类、小海鲜或素食类的菜肴。

其实，不管是哪一种点菜技巧，都需要你具备敏锐的观察力和丰富的服务经验，只有这样才能使消费者满意。

●人—码—机的交互

在当今的数字化时代，餐饮行业正在经历一场由科技推动的变革，点菜方式已经不再是传统的手写点菜单，而是通过电子点菜机、智能点菜机等设备进行操作，这种方式将人和机器（设备）之间的交互方式进行多元化整合，提高了点菜效率和准确性。

例如，通过扫描二维码或输入菜品编号，消费者可以在手机或智能点菜机上快速查找和选择菜品；同时，机器也可以通过语音识别、图像识别等技术，自动识别消费者的点菜需求，并生成相应的订单。

这种交互方式通过运用科学的方法和工具，对餐饮场所的菜单进行合理规划，对菜品进行科学分类和定价，不仅提高了点菜效率，减少了人为错误，还可以为餐厅提供更加个性化的服务。例如，可以在餐厅在线平台上，根据消费者的口味、历史点餐记录等信息，推荐相应的菜品，并提供个性化的菜单和营销活动。

将人机交互技术运用到餐饮服务中，能够实现人与智能设备之间的无缝连接，是现代餐饮行业中的一种趋势，使得点菜服务更加科学、便捷和个性化。

"人间烟火气，最抚凡人心。"对餐饮人来说，抚慰人心的"烟火气"，不仅在于带给消费者的美味体验，而且在于你贴心、暖心的服务，只要你多做一点点，细心一点点，努力一点点，便会离成功近一点点。

第四篇
运营推广

人间即风味，美食即相逢。每一个创作和享用

美食的人，无不历经江湖夜雨，期待桃李春风。

——纪录片《风味人间》美食文案

第一章

数字标配——营销力系统打造

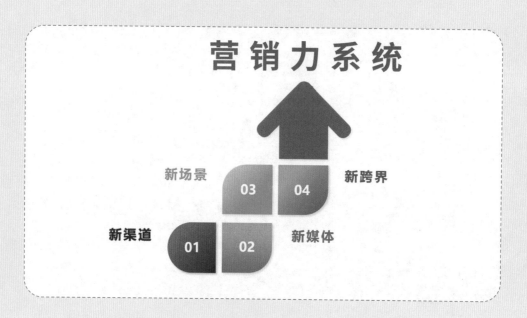

新渠道、新媒体、新场景、新跨界——市场无界，营销有道。

新营销，餐饮4.0的必然选择

疫情防控期间，很多大餐厅、小餐馆以及手推餐车、地摊餐饮倒闭。有不少人认为，这下少了不少竞争对手，自己大显身手的机会来了。然而，现实真是这样吗？

疫情淘汰掉的不过是竞争力偏弱、抗风险能力较低的餐厅，那些具备强大竞争力、能够抵御风险的餐厅则获得了更多的机会。餐饮行业的竞争依然激烈，只有具备创新思维、优质服务、特色菜品的餐厅才能在这个时期立足。

疫情结束，哪个行业复苏得最快？餐饮业！

在任何时刻，任何危机面前，第一个复苏的行业一定是餐饮业。餐饮的整体形势是利好的，再加上疫情过后作为第一个回暖的行业，餐饮业有先发优势，尤其是经济不好的时期，其优势越发明显。毕竟民以食为天，食是欲之一（口腹之欲）。这也是餐饮行业千百年来能长盛不衰、屹立不倒的原因。

而这两年，互联网在餐饮行业，早已无处不在。

许多餐饮企业利用移动互联网的传播优势，使餐饮行业进入了一个"营销为王"的时代。各种爆款产品和网红产品层出不穷，国内的餐饮行业呈现出爆发式的发展状态。很多餐饮人已经具备了互联网的流量思维，并学会利用互联网打造留客工具。餐饮企业纷纷借助互联网思维，与具有专业经验的互联网营销团队合作进行推广运营。这种合作模式将在未来几年成为餐饮行业的主流运营模式，也将成为所有品类头部餐饮业者的必然选择。

所以，身为餐饮人，必须认识到市场营销的重要性以及当前新的营销趋势，并积极寻求突破和改变营销模式的方法。

● 新营销，餐饮4.0时代的必然选择

本书开篇，在"以'人'为核心的商业时代"这一节中，我曾从人性需求的角

度为大家简要探讨了餐饮业的发展历程。接下来，将从运营的角度，借助互联网的代际划分，为大家重新梳理一下餐饮业的市场发展历程。

餐饮 1.0。市场开发程度较低，许多人通过在餐馆或酒楼工作多年积累了经验后，便能够独立出来，随意找地方开设一个小餐馆。只要稍懂餐厅经营之道，生意通常不会太差。

餐饮 2.0。餐饮市场格局基本稳定，市场竞争已出现，即使拥有一定的餐厅经营经验，也不能保证成功。于是，人们寻找市场空白来开设店铺。如这里已经有几家火锅店，那么有人可能会选择在这里开设一家烧烤店或冷饮店，以形成合理的市场划分，吸引更多的顾客。

餐饮 3.0。市场上充斥着琳琅满目的商品，此时，谁能够提供更美味、更丰富、更新颖、更独特的产品，谁就能够吸引更多的顾客前来品尝和消费。正如"酒香不怕巷子深"，只要产品足够好，就能够吸引顾客前来，甚至不需要过多的宣传和推广。

餐饮 4.0。资源高度整合的时代，任何人都能迅速复制和模仿你的产品。要想吸引更多的消费者，就必须借助各种新渠道、新媒体平台、新营销方式，让更多的人了解并认同你的餐饮品牌文化和价值。

从 1.0 到 3.0，餐饮业发展历程起初依赖于经验积累，随后开始进行市场细分，在逐渐认识到产品的重要性后，进入"产品为王"的时代。但是随着互联网的快速发展，很快进入餐饮 4.0 时代，流量红利基本已经被瓜分殆尽，"酒香也怕巷子深"。

因此，餐饮行业开始与互联网结合，通过新渠道、新媒体、新场景、新跨界的方式，产品、品牌价值得以展现、传播，从而直接影响了消费者的判断和选择。你也只有让更多的消费者了解、认同你的产品、品牌的文化和价值，才能从根本上吸引更多的消费者。

●营销革命，渠道—媒体—场景—跨界

餐饮业的营销策略正在经历一场革命，传统的营销手段正逐渐被新型的、数字化的营销方式所取代。在这场变革中，渠道、媒体、场景和跨界合作成了餐饮业新营销的关键要素。

渠道。除了传统的实体店面，网络订餐平台、社交媒体、外卖应用等都已成为新的销售渠道，利用多元化的销售渠道是餐饮新营销的重要手段。

媒体。利用各种媒体平台，如社交媒体、博客、视频平台等，进行品牌推广和内容营销。通过创造有趣、有价值的内容，吸引消费者的关注，提高品牌知名度。

场景。社交场景、智能化体验、跨界融合等，餐饮新消费场景不断涌现，为消费者提供了更加多元化、个性化的用餐体验，同时也为餐饮行业带来了新的发展机遇和挑战。

跨界。与时尚、艺术、娱乐等产业进行合作，打造独特的品牌形象。与其他行业的跨界合作是餐饮新营销的另一个重要策略。

餐饮新营销需要从渠道、媒体、场景和跨界四个方面进行全面考虑和实施。通过多元化的销售渠道、有效的媒体推广、独特的消费场景和跨界合作，餐厅可以吸引更多的潜在客户，提高品牌知名度和竞争力。下面，我也将围绕这四个方面，为大家详细介绍如何搭建我们的营销力系统。

总之，当今时代，想要真正在餐饮行业长久发展，想要让自己的餐饮品牌绿树长青，在做好餐饮的基础工作之外，必须具备互联网思维和擅用互联网工具，以打造餐饮新营销力，从而在激烈而残酷的竞争中，变得更有竞争力，并成为未来的强者。

新渠道，服务半径的时空跨越

相信大家一定都注意到了这样一种现象：茶饮店卖起了早餐，早餐店则从早到晚全天候营业，夜宵店也开始涉足午餐市场……几乎所有品牌都在延长营业时间，同时经营的品类也在不断扩张。

门店的服务范围通常为300米，外卖服务范围为3千米，电商服务范围可达到300千米，而零售服务则覆盖全球。在当今的餐饮行业中，"堂食—外卖—外带—零售"四位一体，已经形成了紧密的结合。这并不是什么复杂的商战，而是餐饮业发展的大趋势——全渠道经营。

互联网的深度参与已经彻底改变了餐饮行业。在过去，餐饮业务主要依赖于堂食，所有的资产、设备、产品、顾客和人才都集中在实体门店中。然而，如今的情况已经发生了翻天覆地的变化。消费者、门店和产品等都可以存在于线上，每个商家都同时拥有线上门店和线下门店两个主战场。

疫情的暴发更是加速了这一进程。线上业务成了餐饮品牌重要的经营主场，外带、零售等多种业态也成为良好的补充，帮助餐饮业者获得更多增量市场。

当消费者的需求日益多样化，且需求越来越分散，当经营渠道不断地丰富，餐饮行业迎来了它的"无界餐饮"时代，消费者可以在任何时间、任何地点享受餐饮服务，这也打破了传统餐饮的时间和空间限制。在这个趋势背后，也意味着餐饮市场潜力的进一步释放和增长。

那么，我们如何把握这一趋势，抓住其中的红利呢？

●极致渗透，餐饮六大渠道分析

全渠道这个概念源自零售业，其最大的优势在于让你能够随时随地以任何形式响应消费者的消费需求。通过精准触达消费者，无论是线上还是线下，自营还是第三方渠道，都能够即时满足消费者的需求，提升他们的购物体验。

所以，当你在产品、环境、服务维度，做到"好味道、好品质、好内容、好颜值、好价值"时，接下来便要做到极致渗透，基于用户（消费者）行为路径来深入拓展渠道。通过精准把握用户（消费者）的行为轨迹，构建起一个全面的触达网络，旨在将品牌渗透到每一个用户（消费者）触点，全面实现经营目标，并不断积累品牌资产。

餐饮运营渠道可分为线下渠道和线上渠道：线下渠道包括实体门店、户外广告、线下地推等；线上渠道包括社交媒体、网络平台、短视频等。

餐饮全渠道运营，需要你利用互联网、社交媒体等新兴渠道，积极开拓外卖渠道、自建网店，以提高品牌知名度和曝光率。同时，也需要注重线下门店的运营和服务质量，为消费者提供更加优质、便捷的用餐体验。下面就线下渠道、线上渠道进行详述。

实体门店。传统销售渠道之一，优势在于可以提供独特的用餐环境和面对面的顾客服务。

户外广告。在地铁、公交站等投放广告，以提高品牌曝光率。

线下地推。举办活动、派发传单，快速拓展覆盖面。

网络平台。如大众点评、美团等，消费者可以在平台上查看餐厅评价、优惠信息、线上订餐等。

社交媒体。通过微信、微博等社交平台发布美食信息、活动信息，吸引关注。

短视频。如抖音、快手，通过创意短视频吸引年轻用户，且互动性强。

在拓展渠道的同时，你还需要通过研发新产品、优化服务流程、提高管理效率等方式，选取不同发展模式，不断创新和改进，以提高自身的竞争力和适应能力，不断满足消费者的需求和提高自身的经营效益（见图4-1）。

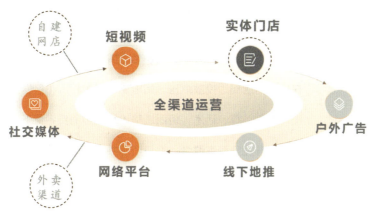

图4-1 餐饮全渠道运营

● 根据品类特点，匹配发展模式

根据渠道侧重点不同，餐饮产品的渠道发展模式主要包括以下几种。

一是餐饮O2O模式。将线上和线下的餐饮业务相结合，通过互联网平台提供订餐、外卖、堂食点餐等服务，使消费者可以更加方便地获取餐饮服务。这种模式不仅提高了餐饮业的效率和服务质量，还为消费者提供了更加多样化的餐饮选择。

二是24小时全时段经营模式。在传统的餐饮服务基础上，通过延长营业时间、提供多样化的餐饮场景等方式，满足消费者在不同时间、不同场合的餐饮需求。这种模式为消费者提供了更加便捷、灵活的餐饮服务，同时也为餐饮业带来了更多的商业机会。

三是"一店抵万店"模式。通过多品类融合及品牌、管理与营销等方面的统一和标准化，将一家餐饮店打造成能够满足多种消费者需求、提供多样化服务的综合性餐饮店。这种模式为消费者提供了更加全面、一站式的餐饮服务体验，同时也为餐饮业带来了更高的商业价值和品牌影响力。而对于一些想要进入餐饮行业的投资者来说，加盟也是一个不错的选择，因此也可以将其视为一种可能的营销渠道。总的来说，上述内容主要涵盖了从线下实体店的售卖方式，到线上各大平台的经营运作方法，以及新兴的社交电商等多种方式的营销策略。当然，具体有哪些途径能够推广你的餐饮产品，需要根据你自己品牌的定位和目标市场的特性来决定。另外，不管是哪种模式，一些重要渠道的操作技巧，是每一个餐饮人都必须掌握的（见表 4-1）。

表 4-1　餐饮人必知的 12 大获客渠道及操作技巧

相关渠道	操作技巧
户外广告	在自己门店周边投放广告，如电梯、停车杆、小区橱窗等
线下地推	统一着装，统一话术，组团造势，给周边消费者留下第一印象
异业联盟	与周边非竞争商家联合，客户资源共享，让消费者获得更多福利
美团 大众点评	主流线上获客平台，设计性价比高的套餐和精美图文、视频、评论等吸引消费者到店消费
美团外卖 饿了么	设计性价比高的外卖套餐，不求利润多高，只求周边消费者能够品尝到餐厅美食，从而吸引他们到店消费
探店达人	目前各个城市都有相应的美食达人，可以联系一些适合自己餐饮品类的达人来探店
抖音 快手	制作精美短视频，开通本地商家号，利用付费推广模式，找到较好的 ROI 数据
小红书	专业种草平台，利用图文和短视频，吸引更多消费者到店消费
高德/百度/ 腾讯地图	将门店标注到地图，地图也带本地商家功能，做好上面的商家产品介绍
携程 联联周边游	和类似这样的旅游大平台合作，设计出性价比高的套餐引流
其他线上平台	目前美食、分类生活、搜索引擎等线上平台很多，只要可以注册发布的平台，都把餐厅信息放上，时间长了就会有效果

新媒体，多维传播矩阵

淄博烧烤利用"美食＋事件"的模式，成功地打造出一座城市的流量密码；椰树在直播间展现出"健康派"的营销策略，持续释放营销张力；朱光玉在首日直播中突破亿元，积极拥抱新媒体，实现流量和销量的双重丰收……

回顾 2023 年，餐饮业在报复性消费的推动下拉开序幕，有序复苏并强劲增长，同时通过层出不穷的营销事件开启一轮又一轮的流量盛宴。

餐饮 4.0，餐饮行业＋新媒体的模式也正强势崛起。

随着餐饮行业与新媒体的结合越来越紧密，新媒体已经成为一个非常重要的营销渠道。

新媒体不仅能够帮助餐饮企业更好地宣传自己的品牌和价值观，还能够通过低成本的传播裂变作用，吸引更多的潜在消费者。

新媒体平台通过直接与消费者互动，提供了更直观、更便捷的信息传播方式，从而直接影响了消费者对餐饮对象的选择和判断。

然而，在许多餐饮人的观念中，新媒体的运用仅仅局限于在第三方平台如美团、抖音上进行促销活动。但实际上，这种做法往往难以达到预期的效果。

这是因为仅仅依赖第三方平台的流量并不能充分展示品牌的特点和优势。要想让消费者更深入地了解和认同你的产品，就需要建立自己的新媒体矩阵，通过低成本的传播方式实现裂变效应，让更多的人了解你的品牌和产品。

●什么是"新媒体矩阵"

什么是新媒体？

新媒体是指以互联网和数字技术为基础的，通过各种数字平台进行信息传播和沟通的媒体形式。它包括社交媒体、微信公众号、在线视频等，具有互动性、实时性和多样化的特点。

什么是新媒体矩阵？就是整合各新媒体平台，实现企业布局，从而触达目标群体的"组合手段"。具体来说，新媒体矩阵分为横向矩阵和纵向矩阵两种。

横向矩阵。在广度上进行布局，包括在多个平台上进行推广和宣传，例如自有

App、官网、论坛以及外部新媒体平台如微信、微博、今日头条、小红书、抖音、快手、知乎等。这些平台各自具有不同的特点和受众，通过横向矩阵的布局，可以覆盖更广泛的用户群体，提高品牌知名度和曝光率（见图4-2）。

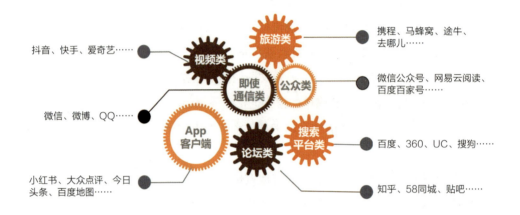

图4-2　餐饮横向新媒体矩阵

纵向矩阵。在一个目标群体重叠度比较高或流量比较大的平台上进行深度布局，例如在微信平台上布局订阅号、服务号、社群、个人号及小程序等，进行多账号组合。这样可以更精准地定位目标用户群体，提高用户黏性和转化率。同时，通过纵向矩阵的布局，可以更好地利用平台的优势和功能，提高营销效果和投资回报率。

在实际操作中，横向新媒体平台矩阵，对应的运营形式便是构建平台矩阵。比如，你拥有一个新媒体美食类官方账号，并且已经在小红书、微信公众号、知乎、百家号、今日头条、抖音等平台上开设了官方账号，那么你就可以着手构建一个横向的新媒体平台矩阵。

纵向新媒体矩阵，对应运营形式是账号矩阵。比如，你拥有一个新媒体美食类官方账号，一个以美食教学为主的人设账号以及多个美食探店或网红美食家的账号（达人号），那么这些账号共同构成了一个纵向新媒体矩阵。

平台矩阵很容易理解，但是账号矩阵则非常讲究，通常包含四种类型账号（见表4-2）。

表4-2　餐饮账号矩阵四种类型账号

账号类型	说明	示例
品牌号（官方号）	直接用品牌名称注册的账号都是官方号	抖音认证的官方账号，传递品牌格调、发布品牌活动
人设号	权威视角，去探讨或分享一些干货知识	打造符合公司形象的个人IP形象，可以塑造餐饮品牌创始人、厨师等个人形象，具化品牌形象
达人号	餐饮行业的相关达人、大V	与行业相关的达人，如探店达人、美食博主，帮助引流
素人号	目标客户真实账号，展示体验产品内容	真实分享、买家秀

不管哪一种矩阵形式，目的都是让你构建自身的自媒体宣传平台，通过新媒体平台实现内容多元化，与消费者建立更加紧密的联系，协同放大宣传效果。

● 如何构建餐饮新媒体矩阵

构建餐饮新媒体矩阵需要考虑多个方面，包括目标受众、内容类型、传播渠道等。主要分为以下几个步骤。

1. 梳理现状

梳理企业的新媒体发展阶段，不同阶段有着不同的重心。在启动期，可以选择一个具有红利的平台进行尝试，以最小的成本获取最大的回报。随着进入增长期，可以逐步拓展到其他平台，并吸引粉丝的关注和引流。

需要注意的是，尽管新媒体的发展速度很快，但人的精力是有限的。因此，在考虑运营能力的前提下，如果人数或能力不足，千万不可以全面撒网。在有限的精力下，需要集中力量专注于核心业务或最有潜力的平台，以便取得更好的效果（见图4-3）。

图4-3 餐饮自媒体矩阵宣传示意

2.确定受众

明确你的目标受众是谁。通过市场调研和分析，了解你的目标受众的兴趣、需求和行为特点，做好用户画像。之后，根据不同层级人群的需求和偏好，分化出新的账号或平台。

3.选择平台

选择合适的传播渠道是构建新媒体矩阵的关键，一定要找准相应的平台进行布局。比如，餐饮品牌更适合做抖音、大众点评、小红书等平台，不太适合知乎、B站、喜马拉雅。因此，你首先需要明确平台的定位、属性和用户群体，以便确定适合运营的内容，进而提升互动和转化率。

比如抖音作为一个以年轻人为主的短视频平台，可以通过讲述品牌故事、展示菜品制作过程或者呈现餐厅环境的方式来吸引用户（消费者）的兴趣和关注。大众点评上，用户（消费者）主要是以本地化的消费群体为主，因此可以通过平台上的用户（消费者）评价和评分来了解餐厅的口碑和品质。小红书上，用户（消费者）主要是以女性为主，因此可以通过 KOL 或素人的种草方式来推广品牌和菜品。

4.传播内容

确定平台后，通过一致的品牌形象展示，让用户（消费者）对你的餐饮品牌形成认知和记忆。在内容制作和传播过程中，保持统一的风格和调性，使用统一的视觉元素和语言风格，以增强品牌辨识度。

5. 互动反馈

与用户（消费者）保持互动是构建新媒体矩阵的重要一环。通过评论、私信等方式与用户（消费者）进行互动，及时回答他们的问题和反馈。同时，收集用户（消费者）的意见和建议，不断改进和优化你的内容和策略。

6. 数据分析

定期分析你的新媒体矩阵的数据，包括阅读量、点赞量、评论量等，了解用户（消费者）的喜好和行为特点。根据数据分析结果，调整你的内容策略和传播渠道，以提高矩阵的效果，并持续优化。

总之，构建餐饮新媒体矩阵需要梳理现状、确定受众、选择平台、传播内容、互动反馈以及数据分析。通过不断尝试和调整，你可以逐步建立起有效的餐饮新媒体矩阵。

新场景，展望未来消费者关系

什么是餐饮的消费场景？很多人都将它等同于餐饮消费环境。其实环境只是餐饮消费场景的重要部分而已。

"场景"是一个近年来在产品开发和营销中广泛使用的概念。做营销的人都知道，基于场景的营销能够更深入地了解消费者需求，提升与消费者的关联性，从而显著提高签单率。当今几乎没有人不注重"消费场景"，因为它与消费者体验密切相关。

那么，究竟什么是消费场景？我们又该如何理解它呢？

场景，如果将其拆分便是"场合"与"情景"。而消费场景就是消费者消费或需求的场景，包含了空间、时间、物品、行为、角色等要素。

从消费者角度出发，我们可以将消费场景大致划分为三个部分：消费者需求场景；消费者所处的环境或场景；消费者体验或使用场景。

这三个场景相互结合，构成了一个完整的消费场景。简单来说就是一个人在特定环境中进行产品使用或体验，并最终产生消费的过程。

对你来说，消费场景是一种重要的餐饮营销策略。

以场景思维为基础的深度解析（将消费场景模拟出来），可以帮助你更好地了解和分析消费者需求，从而适应时代变迁；通过场景与消费者建立有效的沟通和连接，塑造独特的氛围和表达方式，可以更好地吸引和贴近消费者；通过具象化的场景塑造，可以触发消费者的痛点，从而提高销售业绩。

今天，随着消费者需求的日益多样化以及可选择的经营渠道不断丰富，餐饮消费场景也更加丰富和多元，新玩法层出不穷。

● 餐饮消费场景新玩法

这些年做餐饮，我最直观的感受就是无体验不商业！在这个信息爆炸的时代，没点儿标新立异的手段，光讲产品至上的品牌是难以出圈的。将餐饮品牌场景打造成"新奇特"场景或景点已成为很多品牌的共同选择，院子餐饮、市集餐饮、露营餐饮、元宇宙餐饮……应有尽有。

比如，庭院人家就是这样一个"院子餐饮"，大到整个场景，小到每一处灯光细节设计，无不尽显东方园林之境。庭院人家从内到外塑造了一个充满人文气质和东方美学的体验空间，希望以极致的复古场景＋地域美食，结合潮流文化，打造商业＋文化＋艺术的餐饮模式，从而满足消费者宴请、游玩、社交等不同餐饮需求（见图4-4、图4-5）。

图4-4　庭院人家烘焙区改进效果图

图4-5 庭院人家过道效果图

无独有偶，这两年最为火热的莫过于"新中式"场景。茶饮、茶馆、咖啡、烘焙、汉堡、面馆、小酒馆等多个热门业态，涌现出众多"新中式"品牌，在市场上受到了广泛的关注和追捧，如茶颜悦色、詹记桃酥、麦喜堡、陈香贵等。

如奈雪的茶旗下的品牌"奈雪茶院"，就被定位为"一间可以简单买茶、轻松喝茶的茶院"，以中式茶体验为主打，以新零售的体验方式，提供选茶、喝茶、买茶的"第三空间"。在门店设计上，它融合了新中式和日式两种风格，有开放式的榻榻米包间、私密性很好的独立茶室，还有专供围炉煮茶的区域。

这些品牌的新中式玩法注重将传统元素与现代设计相融合，并广泛应用于建筑设计、门店打造、营销布局等商业运营中以营造独特氛围和文化体验，这既符合年轻人对传统文化的认同，也满足了他们对时尚的追求，吸引年轻人的兴趣和好奇心。

《中国餐饮品牌力白皮书2023》对中国餐饮行业和品牌发展的现状及趋势进行了全面解读。白皮书指出，中国餐饮业持续展现巨大潜力，即将迈入5万亿元时代。与此同时，餐饮创业领域也开启了生存竞速赛。尤为值得一提的是，新中式餐饮正迎来前所未有的发展契机，成为餐饮行业的潮流趋势 ❶。

今天，为消费者提供卓越的餐饮体验，绝非仅仅是打造好的用餐环境，而是要始终以用户价值为核心，打造多维度的运营场景。今天，新消费催生新业态、新模式，更需要营造新消费场景，引流及满足多元化需求。

● 消费场景创新和拓展

从消费者角度来看，就餐地点可以有多种选择，包括在家享用、到餐厅用餐、在办公室点外卖、去便利店购买鲜食，以及在野外露营烧烤等不同场景。同时，根据人群和场合的不同，还可以有家庭聚会、朋友聚餐、商务宴请和生日纪念等不同场景。从运营角度来看，在实际消费场景中有线上消费场景和线下消费场景两种。

而你要做的便是在传统餐饮消费模式的基础上，通过场景创新和场景拓展，打造出更加吸引消费者、更具互动性和体验性的餐饮消费场景。

场景做深。通过精准的品牌定位、独特的视觉形象、优质的产品概念以及沉浸式的餐饮体验，让美食"好看、好吃、好玩"，为消费者提供全新的用餐体验（见图4-6）。

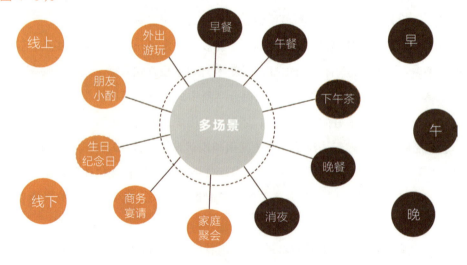

图4-6　餐饮消费场景

---

❶《中国餐饮品牌力白皮书2023》重磅发布：新中式餐饮迎发展契机！百度百家号红餐网.https://baijiahao.baidu.com/s?id=17794697021009999996&wfr=spider&for=pc.

场景做宽。产品依托场景，研发产品的时候，需要考虑到产品能否兼顾不同的场景下的功能应用。如产品在堂食场景之外，能否再加上外卖场景、零售场景，多场景组合等。

如中国名厨文化体验馆以美食为纽带，场景大为拓展，集餐饮、住宿、游玩、展览等多元素于一体，打造出一个全方位、多维度的"餐饮综合体"。为了给消费者带来更加沉浸式的中国餐饮文化体验，空间和场景的设计融入了大量的中国传统文化元素，如古典家具、水墨画、书法等，让消费者在品尝美味的同时，也能够感受到中国传统文化的韵味，娱悦身心。与此同时，独特设计、精美装饰及数字技术的运用，为消费者提供了丰富的拍摄素材，吸引了大量的年轻人前来拍照留念。这种打卡现象不仅会提高品牌的知名度，也为品牌带来了更多的年轻消费者（见图4-7、图4-8）。

图4-7　中国名厨文化体验馆休闲空间效果图

图4-8　中国名厨文化体验馆名厨堂效果图

　　除了新中式，这几年以下几个餐饮新消费场景也很受欢迎，你可以从中获得餐饮消费场景创新及拓展灵感。

　　露营风。露营作为一种新的社交活动，带动了餐饮消费场景的变化。人们不再局限于传统的餐厅就餐方式，而是选择在户外享受大自然的美景和美食，露营餐厅、露营烧烤等成了新的餐饮消费场景。

　　社交场景。社交媒体的普及让人们更加注重社交场景的打造。在餐饮消费场景中，人们更注重的是与亲朋好友一起享受美食的过程。因此，主题餐厅、特色餐厅等成为新的消费场景，消费者可以在这些场所中与朋友聚餐、交流。

　　健康养生。随着消费者对健康的关注度不断提高，健康养生成了新的餐饮消费场景。消费者更注重食材的新鲜、营养以及烹饪方式的健康、环保。因此，健康餐厅颇受青睐。

　　智能化体验。随着科技的发展，一方面智能化技术逐渐应用到餐饮消费场景中，如智能点餐系统、智能送餐机器人；另一方面科幻概念、科幻主题不断涌现，如元宇宙餐厅、失重餐厅，这些都给消费者带来了极大的新奇体验。

　　跨界融合。不同领域的跨界融合也为餐饮消费场景带来了新的变化。如四川成都将城市巴士与餐饮业态相结合，创新推出"火锅巴士"，将美食、美景、音乐等多种元素完美融合，让人在享受美食的同时，也能感受到城市的魅力。

当今时代，消费者可以通过各种渠道找到自己想要的餐饮服务，你也需要通过新渠道、新场景来满足消费者的需求。这些餐饮新消费场景的不断涌现，不仅为消费者提供了更加多元化、个性化的用餐体验，也为你的餐饮企业带来了新的商业机会和挑战。

新跨界，万物皆可"联"

熊猫精酿携手《长安三万里》，话题破圈，精彩演绎酒饮中的国潮文化；瑞幸携手茅台，现象级联名掀起"酱香"风潮；喜姐炸串则充分利用了在"七夕＋品牌"四周年这一特别的节点，与当时热播影视剧《七时吉祥》开启联名合作，深度撬动观剧女性群体的注意力和消费力……

毫无疑问，餐饮圈的跨界联名，俨然已经掀起一波热浪。餐饮业展现出令人惊叹的创意，与白酒品牌、影视剧、博物馆、奢侈品、动画IP、音乐IP、体育IP……打造了众多出圈联名大事件，似乎也开启了万物皆可"联"的时代。

确实，竞争激烈，品牌需要不断地探索和创新。跨界联名提供了一个独特的平台，使品牌能够打破传统界限，与不同领域展开合作。这种合作不仅可以带来新的创意和元素，还可以吸引更广泛的受众群体，提高品牌知名度和影响力。

然而，这种联名热潮也带来了一些问题。盲目跟风和同质化现象时有发生，并非所有品牌都能通过联名实现品牌效果的最大化。另外，纵观餐饮界跨界出圈的，要么是麦当劳、肯德基等快餐品牌与各种知名IP的跨界合作，要么是集中于茶饮品类的流行玩法。对于大多数餐饮品牌来说，如何才能实现既提升品牌知名度，又增加产品销量的跨界联名活动呢？

●用户思维，餐饮产品型联名

跨界联名需要具备至少一个关键要素，要么拥有响亮的品牌知名度（这也是我为什么一直强调餐饮人要有品牌意识，要将餐厅发展为品牌），要么拥有广泛的门店网络，要么能够迅速实现产品融合。如喜茶与芬迪（FENDI）的合作，通过包装融合，展现了双方品牌的独特魅力；瑞幸与茅台的合作，通过原料融合，为消费者带来了全新的产品体验。

另外，市场上，跨界联名的玩法和方式有很多种，品牌战略型、事件周期型、联合促销型、产品共创型……但是这么多的玩法中，最为成功的莫过于产品型跨界联名。为什么？原因非常简单，对于餐饮行业来说，产品是品牌的核心载体，而销量一定来自联名的那款产品。

在餐饮界，产品型跨界联名已经成为一种趋势。例如，一些餐厅会与当地的艺术家或设计师或影视 IP 合作，推出具有艺术气息的菜品或饮品。如前面提到的喜姐炸串，在七夕节与《七时吉祥》进行联名合作，为暑期的"七时有缘人"们打造浪漫主题门店和套餐产品。一些餐厅还会与当地的特色食材或调味品品牌合作，推出具有地方特色的菜品或饮品，"海底捞 + 逮虾记"，通过优质供应链为品质背书。对海底捞而言，通过借助逮虾记在海鲜滑类领域的影响力，为其品质背书。而对逮虾记而言，海底捞作为一个优质的渠道，可以帮助更多消费者了解和品尝到其产品。

总之，产品型跨界联名是一种既有声量又具销量的合作形式。它能够让不同品牌之间实现资源共享和优势互补，创造出独特的产品，满足消费者的需求。在餐饮圈中，这种合作形式已经成了一种趋势，并将在未来继续发挥重要作用。

●跨界营销，强、奇、特

也许很多人洞察到了产品型联名的奥义，但是为什么你的产品型联名无法如瑞幸咖啡与茅台这样创造"单品首日销售突破 542 万杯，单品销售额破 1 亿元"的销售数据呢？

关键因素在于，瑞幸咖啡与茅台的合作并非单纯依赖各自的品牌影响力，也非瑞幸咖啡投入的预算高于其他跨界联名。其真正的优势在于，瑞幸咖啡与茅台在产品型跨界联名上的深度合作。这种合作不仅停留在产品的包装层面，也不仅仅是推出产品套餐或促销礼品，而是达到了产品型跨界联名的最高境界——基于原料和口味，共同推出富有内涵的联名产品。

更为经典的是这期间有着跨界营销的精髓——强、奇、特。

强——强强联合。一个是咖啡界知名品牌，一个是白酒界大佬，两者联名 1+1 > 2，自带天然流量。

奇——极致反差感。咖啡是"醒"，茅台是"醉"；一个是新消费代表品牌，一个是知名老字号，这种极致的反差感，是跨界营销的杀手锏，能够极大地吸引猎奇目光。

特——有话题。随着"酱香拿铁"的热议不断升温，有关"喝酱香拿铁能否驾驶"和"消费者在瑞幸门前怒砸酱香拿铁"等话题也引发了广泛讨论，进一步提升了联名的舆论影响力。

因此，要想让跨界联名真正成功，你需要具备独特的创意和策略。深入了解目标受众的需求和喜好，找到与品牌理念相契合的合作伙伴，并创造出令人难忘的联名产品和体验。只有这样，才能真正实现品效合一，提升品牌价值和市场竞争力。

● 完整跨界营销策略

当你明白了以上两大关键要点，就要静下心来琢磨自身的营销策略。通常一个有效的跨界营销方案需要考虑以下几个要素。

1. 品牌形象

为了使跨界联名更具有吸引力和话题性，品牌需要精心策划和创意设计，打造独特的品牌形象。可以从产品的设计、包装、宣传等方面入手，通过创意和设计来提升产品的附加值和品牌形象。同时，在跨界联名中，品牌需要注重与合作伙伴的沟通和协作，以确保合作顺利进行并达到预期效果。

2. 跨界伙伴

在寻求跨界合作的过程中，选择正确的合作伙伴是至关重要的。选对跨界伙伴，就成功了一半。

但是跨界伙伴的选择，并不是名气越大越好，重要的是行业地位对等。在中国，有一句俗语叫作"门当户对"，意味着在同等的社会地位和实力下，双方才能更好地合作。在跨界联名中，这一点尤为重要。无论是瑞幸与茅台的联名，还是过去麦当劳与优衣库、肯德基与华为的合作，都体现了这一原则。只有双方在各自领域拥有对等的地位，才能真正实现"共赢"。

3. 目标人群

分析你的目标人群在哪里，是否与跨界伙伴人群相匹配。

在瑞幸咖啡与茅台联名的热议中，关于茅台为什么不跟星巴克合作？有这样的段子："喝瑞幸的人，都坐地铁，而喝星巴克的人，都开车。"虽然，这只是一个段子，但恰恰说明了，目标人群匹配的重要性。比如：无论是麦当劳与魔兽／王者荣耀的合作，还是肯德基与阴阳师的合作，都会选择目标人群所喜爱的网络游戏进行合作。

概括起来，便是选择与你品牌形象相符、目标客户群体相似的合作伙伴，可以增加成功的可能性。

4. 消费场景

与联名伙伴合作时，围绕餐饮消费场景，从而让用户消费行为更顺当，让用户体验更顺畅。通常情况下，你可以从"吃喝玩乐行"五个方面进行考量。如曾经麦当劳与小黄车的跨界联名，为消费者提供了餐前或餐后的便捷出行。

5. 事件营销

与传统的产品促销不同，跨界联名注重的是品牌之间的合作和共同创造，通过相互借力，实现品牌价值的叠加。因此，转变思维，可以将跨界营销作为一场事件营销而不是产品促销。

事件营销的核心在于追求"现象级"的效果，这需要经过铺垫、发酵、爆发和收官等阶段，成功的关键在于创造并引发用户共鸣的话题。

当然这并不容易，尤其是在信息碎片化和互联网记忆短暂化的当下。因此，话题的准确捕捉和资源投入的节奏感显得越发重要。为了打造出"现象级"的事件，你需要调整资源投入的节奏。如果说过去的投入节奏是"532"，现在你可能需要将其调整为"721"，因为如果不能在前期铺垫形成话题，那么就要在后期收官制造出与消费者共鸣共创的话题。

这里着重提醒一下，在相同的预算范围内，餐饮品牌需要深入思考，究竟是采用折扣策略，还是专注于创造和推动话题。这两者代表了产品促销和事件营销的不同理念，不仅涉及思维方式，更对操盘手和操作手法提出了挑战。但是有一点是肯定的，从流量主导到内容为王，事件营销在餐饮品牌中占据了不可或缺的地位。

当然，除了事件营销，还有其他的合作方式（见表4-3）。

表4-3 餐饮跨界伙伴及合作方式示意

	跨界伙伴	合作方式
娱乐产业	电影、电视剧、音乐……	与热门电影、电视剧合作，推出独家主题餐品
体育赛事	足球、篮球、网球……	共同举办活动或推出主题餐品，还可以考虑在赛事期间提供特别优惠或赠品
旅游景点	博物馆、游乐园、动物园……	依托场地为游客提供餐饮服务
文化创意产业	创意设计、艺术品展览……	产品包装设计、环境打造等，共同打造具有文化内涵的品牌形象
美容美发	美容院、理发店、健身馆……	共同推出套餐服务，如餐饮＋美容／美发
金融行业	信用卡、贷款……	为消费者提供更多的支付方式和金融服务

6. 线上线下

充分利用各种媒体和渠道进行宣传和推广，以扩大品牌知名度，通过线上线下的融合，实现销售增长。

这里需要注意的是，为什么要热衷于跨界联名，除了提升销量，也是追求品效合一。通过跨界合作，进一步巩固和提升自身在消费者心中的地位，同时吸引更多潜在目标人群，实现品牌拉新，为后续长期引流奠定基础。因此，要充分利用新媒体矩阵，触达更多的潜在目标人群。

7. 周边产品

不管有没有合作伙伴，我们都可以跨界推出与餐饮相关的图书、服装、配饰等周边产品，从而让消费者在品尝美食的同时也能感受到餐饮文化的氛围，进而扩大品牌影响力，增加销售额。

8. 数据分析

通过数据分析不断优化营销策略，评估营销效果并调整方案，以提高营销效率和投资回报率。

当你充分考虑了以上要素，便可制定出比较科学、完善的跨界营销策略。

跨界联名，已经是餐饮发展趋势之一。无论餐饮品牌是否具备实力，大型或小型，都有其独特的经营之道。从商圈内的跨界联名，到城市级别的合作，再到区域或全国范围的联名，都值得一试，更值得长期发展。

第二章

增长罗盘——新餐饮时代营销基本功

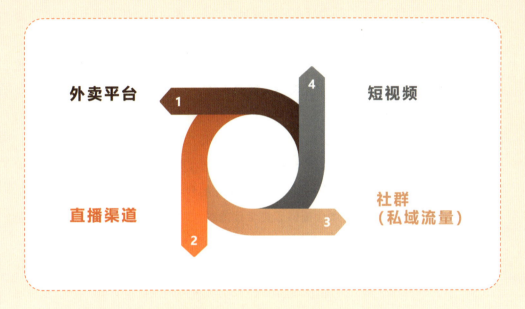

新餐饮时代，每个人都是数字个体。

新的营销时代，每一次营销革命都是全新的增长罗盘。

外卖平台，掌握平台运营模式与技巧

外卖是什么？外卖就是销售供消费者带离店铺的商品。随着互联网的普及和消费者对便捷生活的追求，外卖行业迅速崛起。今天，外卖更是成了每家餐厅绕不过的一环，增设外卖业务几乎成了每个餐饮人的必然选择，也成了餐饮营销的标配。

那么，外卖好做吗？很多人会回答不好做。激烈的竞争、微薄的利润、眼花缭乱的促销方式等，让不少餐饮人发出这样的感慨："现在的餐饮不做外卖是死，做了外卖也是死。"确实，外卖依托于互联网，作为餐饮场景的细分领域应运而生，它不仅引发了餐饮业的巨大变革，也给餐饮人带来了一定的经营压力。

但是，很多时候也只是发发牢骚。谁也无法忽视外卖带来的好处，外卖业务对餐饮企业来说最直接的贡献就是促进了餐饮企业的营收和利润的增长。外卖在产品分销和用户场景细分上为餐厅提供了更合理的餐饮功能选择，其占比份额越来越高，甚至出现了某些店铺只经营外卖的情况。

另外，中商情报网数据显示，截至 2023 年 6 月，我国网上外卖用户规模已达 5.35 亿人，与 2022 年 12 月相比增加了 1372 万人，占网民整体的 49.6%[1]。这说明了接近一半的国人选择线上餐饮外卖来解决一日三餐的问题，而且这一趋势正在逐年加强，外卖对餐饮行业的促进作用越来越突出。

因此，在这个外卖盛行的时代，你应该认真思考你对外卖业务的认知，并掌握相关的运营技巧。只有这样，你才能更好地应对这个时代的发展趋势，充分激发外卖业务的增长潜力。

---

[1] 中商情报网.2023年上半年我国网上外卖用户规模达5.35亿 占网民整体的49.6%.百度百家号.https://baijiahao.baidu.com/s?id=1776877888484029095&wfr=spider&for=pc.

●外卖业务的核心逻辑与业务认知

外卖业务已经成为消费者日常生活的一部分、很多餐厅营销的标配，所以了解其背后的业务逻辑和认知至关重要。

1. 消费者需求驱动下多环节协同工作

外卖业务的运作并非单一过程，消费者的需求驱动着整个系统的运转，消费者、餐厅、平台、配送人员，每一个角色都在这个生态系统中发挥着作用，餐厅提供美食，平台提供交易服务，配送人员确保食物能够准时送达。

2. 外卖平台是连接消费者和餐厅的桥梁

外卖平台将消费者与餐厅紧密地联系在一起，消费者可以随时随地浏览各类餐厅的菜单，了解菜品详情，并轻松下单。而餐厅则可以通过外卖平台展示自己的特色菜品，扩大知名度，吸引更多顾客。也就是说，外卖只是一种营销手段，而外卖平台则是品牌的一个展示窗口，当你明白这一点时，便可以放下"外卖销量焦虑"，专心研究外卖运营技巧。

3. 成功的关键不仅仅在于味道

对于餐厅来说，外卖业务的成功并不仅仅取决于餐品的味道。餐厅需要在平台上拥有良好的曝光，提供有竞争力的价格，同时确保食物的品质和配送的速度。在这个过程中，餐厅与平台的合作关系就变得尤为重要。

4. 外卖新业态不断涌现

跑腿、共享厨房、领域细分……随着科技的飞速发展和人们生活节奏的加快，新的业态、新的服务模式不断涌现，使消费者可以更轻松、更方便地享受到美食。

5. 外卖业务受诸多外部因素影响

如政策的影响、消费者习惯的变化、新兴技术的运用等，这些因素都需要平台和餐厅密切关注，以便及时调整策略。

外卖不仅仅是一个简单的送餐服务，其底层逻辑堪称一个复杂的生态系统，涉及多个环节。对于餐饮人来说，革新自己的认知，深入理解这个"生态系统"的逻辑是至关重要的（见图4-9）。

图4-9　餐饮外卖业务逻辑图

●外卖平台运营技巧

如前文所说，外卖承载于互联网，诞生于餐饮场景的细分，带来巨变的同时也给餐饮人带来了一定的经营压力。这里我梳理了一些餐饮外卖运营技巧，希望能给你带来启发。

1.深度分析外卖市场

餐饮业是一个错综复杂的系统，它涉及不同城市的商业活动、资金流动、消费者年龄、兴趣爱好和需求等方面的差异。因此，你应该根据市场信息数据来进行市场评估，并精准把控用户需求。

外卖市场的分析维度如下。

市场规模。计算商圈品类存活值和天花板值，这些分析有助于你了解市场潜力和竞争情况，并制定合适的经营策略。

消费者画像。了解消费者的年龄、性别、地域、职业等特征，为精准营销提供数据支持。

消费趋势。把握消费者对便捷、品质、个性化的需求，为菜品选择和营销策略提供方向。当今外卖的消费趋势主要有饮食丰富度的增加、健康安全饮食的追求、品质餐饮外卖的需求等（见表4-4）。

表 4-4　商圈品类存活值和天花板值计算方法

市场分析类型	方式 / 意义	具体方法
品类存活值	主要基于门店数量、销售额、市场份额等数据，为制定营销策略和业务规划提供依据	通过分析特定商圈下月销售量TOP10 的门店数据，包括月均单量、客单价和月均交易额，来估算门店月均利润
品类天花板值	通过比较潜在销售额与实际销售额，评估品类天花板值，从而了解该品类的整体市场表现和潜在增长空间	对下月销售量 TOP 前三门店的月均单量、客单价和月均交易额进行测算

2. 外卖平台选择

餐饮外卖平台大体可以分为第三方外卖平台和自营外卖平台两大类（见表 4-5）。

表 4-5　餐饮外卖平台分类及优势

平台类型	代表	优势
第三方外卖平台	美团、饿了么、口碑外卖、百度外卖、锦食送、京东到家、顺丰同城急送……	为餐厅开发了特定的 App，并有自己的配送人员。餐厅可通过提供便捷的外卖服务，提高餐厅的销售效率
自营外卖平台	肯德基宅急送、麦当劳麦乐送、星巴克 App、盒马……	通过自己的平台展示独特的菜单、风格和特色，从而塑造独立的品牌形象。通过直接与顾客交流，有利于餐厅进行客户关系管理，从而更好地控制成本和利润。通过自身配送团队，控制送餐时间和服务质量，并降低与第三方平台的佣金成本

其中，第三方外卖主流平台有美团、饿了么、口碑外卖、百度外卖等，这些平

台拥有庞大的消费者群体和完善的配送体系，会是很多餐厅的首选。此外，还有针对特定消费者群体的特色平台，如到家美食为城市家庭提供知名特色餐厅外卖服务，熊猫外卖为生活在海外的华人用户提供专业的在线订餐服务。因此，你要根据自身定位选择合适的平台。另外，你还需要注重外卖平台规则解析。

通常，门店综合交易额 = 曝光量 × 入店转化率 × 下单转化率 × 客单价 × 购买频次。

3. 店铺装修与优化

选择好平台后，便是店铺的装修与优化，主要包含以下要素。

店铺名称。简洁明了，易于记忆，突出特色。

店铺头像。设计独特，与品牌形象相符。

店铺介绍。详细介绍菜品、服务、环境等信息，提升顾客信任感。

店铺图片。高质量的图片能够更好地展示菜品，提高顾客购买欲望。

4. 菜品设计与优化

外卖菜单设计要筛选适合外卖的菜品，这类菜品通常包含以下特点。

出餐快。出餐时间 5 分钟以内，以此缩短配送时间提升消费者体验。要抓住高峰时段，完成更多订单。

易配送。餐品易包装，配送难度小，配送过程对菜品的口味、美观程度等影响较小。

利润高。根据服务费率及商圈平均活动力度，选择利润适合的菜品，同时保留部分低毛利、爆款引流菜品。

菜量合适。适应单人用餐，满足不同用户群体的需求。堂食菜量达到菜品标准，可在外卖中添加小份菜。当前外卖平台也鼓励商家推出小份菜、小碗菜，以助力餐饮节约。

菜单设计重点考虑以下五个方面。

一是优化分类排序。按照食材、口味、烹饪方式等对菜品进行分类，并按照用户搜索习惯进行排序，以此提高用户查找效率。

二是优化菜品排序。根据菜品销量、好评度、营养价值等综合因素，对菜品进行排序，以方便用户快速找到心仪的菜品。

三是菜品图片拍摄。可聘请专业摄影师拍摄菜品图片，以确保图片清晰、美观，能够真实反映菜品质量，提高用户购买欲望。

四是撰写菜品描述。针对每个菜品，撰写详细的描述，包括食材介绍、烹饪方法、口味特点等，以帮助用户更好地了解菜品，做出明智的选择。

五是菜品规格设置。提供多种规格的菜品选择。除了单人份和多人份，还可以设置半份、大份、小份等不同规格。多样化的规格可以满足不同消费者的需求，提高购买意愿。

5. 设计外卖包装

好的外卖包装设计应当基于产品基因层面的考量，旨在满足功能需求并优化顾客体验，从而自然提升产品的附加值。以下是实现这一目标的关键五点。

一是坚固耐用。确保包装在配送过程中不易变形，以保持食物的形状和口感。

二是密封包装。防止食物在运输中洒漏，以确保食品安全。

三是保温环保。使用保温材料时，应确保食物热度得以维持。同时，选择可降解或可循环使用的包装材料，可以实现环保目标。

四是方便携带。设计应便于消费者携带，如提供提手或易于开启的盖子，以增加消费者使用的便利性。

五是合适餐具。根据所售卖的食物，提供一次性或可降解的餐具，让消费者感受到品牌的细心与关怀。

6. 做好引流曝光

曝光是外卖店铺营销的第一步，即使菜品出色、服务周到，如果没有足够的引流和曝光，也无法让消费者了解并产生购买意愿。

这里提供一些外卖平台的曝光量技巧。

主页曝光。这是消费者在平台主页上看到的曝光量。

流量展区曝光。这是在平台内部的流量高地，如推荐位、分类列表等区域展示的曝光量。

线下引流曝光。这是通过线下活动、宣传等途径吸引消费者，增加平台上的曝光量。

总结而言，其公式就是：曝光量＝主页曝光＋流量展区曝光＋线下引流曝光。

7. 有效设置线上活动

外卖平台常见的线上活动有这样几种：新客户立减优惠、满额减免活动、满额赠品活动、折扣商品特惠、买一赠一活动、店内／外领取优惠券、减免配送费用、下单返券福利。但是不管哪一种活动，都要满足以下五个方面。

一是丰富活动的内容，为用户提供更多的选择，以满足他们的不同需求。

二是在设计活动时，要确保其力度适中，使买卖双方都能从中受益。

三是活动至少应包括满减和折扣中的一种，以吸引更多消费者参与。

四是实施阶梯促销策略，以满足不同购买力人群的需求。

五是需要密切监测活动搭配是否合理，以确保营销效果的最大化。

8. 提升外卖店铺排名

外卖店铺的排名通常与经营、转化、场景、用户等因素相关。优化这些方面，你可以在竞争激烈的市场中获得更好的排名（见图4-10）。

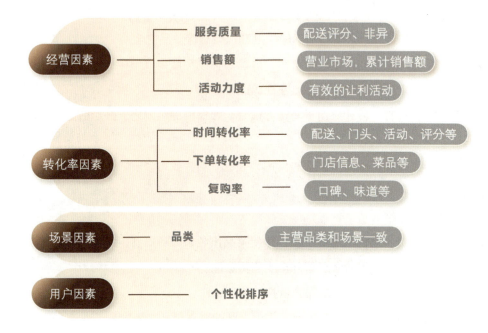

图4-10　餐饮外卖店铺影响因素

9. 数据分析与优化

数据监控。实时监控订单量、销售额、客户评价等数据，了解运营状况。

数据分析。通过数据分析找出问题所在，制定相应的优化措施。

A/B 测试。通过对比不同方案的效果，找出最佳的运营策略。

持续优化。根据数据分析结果持续优化运营策略，提高业绩。

以上是关于餐饮外卖运营技巧的系统介绍，希望能增进大家对外卖业务的认知，更好地掌握外卖运营技巧。

直播渠道，营造体验式网红餐厅

前两年，关于直播，餐饮人之间流行的问候语是"你直播了吗"，但是在今年，这句话已经被"你直播卖了多少"所取代。这种转变，也是餐饮业趋势的反映。直播不仅是救命稻草，更是变现渠道，线上直播已经成为餐饮业的新常态。

也许与外卖相比，直播算是新兴事物，然而其发展势头却令人惊叹。

以抖音直播平台为例。官方数据显示，截至 2023 年 2 月，抖音生活服务餐饮商家直播间数量达到 43 万家以上，2023 年 7 月，抖音生活服务餐饮行业直播商家数较 1 月增长 134%。[1] 2023 年上半年，抖音餐饮商家直播次数超过 370 万次，餐饮直播看播次数超过 730 亿次；超过 6200 万用户（消费者）在抖音上发布了打卡餐饮美食的视频，对比 1 月，餐饮打卡用户数同比增长 54%；餐饮内容的观看次数高达 5560 亿次，点赞次数为 97 亿次，搜索次数为 9.1 亿次，餐饮打卡次数超过 2.1 亿次。[2]

可以说，直播已经成为当今餐饮人线上营销的必选项。这两年，众多餐饮品牌纷纷在抖音、快手等平台开展直播，通过多样的直播玩法、丰富的产品策略和多元的营销资源等能力精准获客，引流线下，收获"声量 + 销量"的双爆发。

因此，当餐饮人问"你直播卖了多少"时，实际上是在关注这个新的销售渠道所带来的影响和变化。这也意味着，对于餐饮企业来说，利用好直播销售，将成为未来竞争的关键。

那么，餐饮的直播生意经到底怎么念？单看直播操作流程，你会觉得很简单，另外需要额外准备的无非是一部手机，一套话术。然而，一旦真正开始实践，马上就会发现，直播间观看人数少得可怜，销售量也少得不好意思说出口。

直播的成功并非偶然，它需要精心策划和不断优化，从设定独特的主题，准备吸引人的内容、选择合适的平台 / 达人……每一步都需要细致入微地考量（见表 4-6）。

---

[1] 电商报.抖音生活服务，合作门店已超200万家.百度百家号.https://baijiahao.baidu.com/s?id=1764289627638267351&wfr=spider&for=pc.

[2] NCBD餐宝典.抖音生活服务×餐宝典 | 2023上半年中国餐饮行业发展监测报告.百度百家号.https://baijiahao.baidu.com/s?id=1776902364838709074&wfr=spider&for=pc.

表 4-6　餐饮直播操作流程

选品	选择合适的直播平台和餐饮产品，确保产品质量和口感
场景布置	在直播中展示餐厅环境、菜品制作过程等，营造出舒适、专业的氛围
互动交流	与观众进行互动，回答观众的问题，增强观众的参与感和信任感
营销策略	制定合适的营销策略，如优惠活动、赠品等，吸引观众的注意力
语言技巧	使用生动、形象的语言描述菜品口感、特色等，让观众有更直观的感受
持续直播	保持一定的直播频率和时长，以增加曝光度和观众黏性
合作推广	与其他主播、美食博主等合作推广，扩大影响力
数据监测	对直播数据进行监测和分析，不断优化直播内容和策略

●打造差异化直播间

你是如何做直播的？是开通直播间，展示商品，疯狂"叫卖"吗？曾经，同仁四季椰子鸡火锅也是这么做的，但并未达到预期效果。随后，根据数据复盘的结果，该餐厅大胆尝试了新方向，深入挖掘品牌特色，如"音乐"和"年轻化"，并利用集团音乐公司的资源，精心挑选了具有音乐背景的主播，打造了独具特色的"音乐 live 型"带货直播间，消费者在观看直播带货的同时，也能欣赏到精彩的才艺表演。这种独特的体验让消费者留存率大大提高，并有效提升了交易转化效果。其直播业务表现也非常出色，曾创下当场交易额超过 496 万元的辉煌纪录。

再如，以和府捞面为代表的餐饮品牌开始尝试古装风的直播，通过搭配身着古装的主播，完美契合和府"书房养生面"的品牌调性，使消费者感受到独特的文化氛围。四季民福则利用其故宫店所处的优越地理位置，将故宫作为直播间的背景墙，从而吸引了大量消费者关注，流量大增。

虽然直播发展不过短短数年时间，但是餐饮企业的直播已经从最初简单的带货形式，逐步发展为全方位的升级。因此，创新直播形式和打造差异化直播间成了品牌突围的关键。

对于餐饮人来说，你的餐饮产品拥有独特口味和门店风格，这些优势就是直播间创新的天然资源，重点在于你如何利用这些资源，形成差异化竞争，以利于强化品牌形象。那么，如何做到呢？大家可以从以下四个方面考虑。

一是深化品牌特色。在直播间设计中，充分利用品牌的核心特点和价值观，并创造独特的视觉和听觉体验，使观众（消费者）能够深刻感受到品牌的魅力。

二是个性化直播内容。根据品牌定位和目标受众，定制符合他们兴趣和需求的直播内容，提供有价值的信息和互动体验，以吸引并保持他们的关注。

三是强化互动环节。通过设计有趣的互动游戏、问答环节或者观众（消费者）参与的讨论，增强观众（消费者）的参与感和归属感，同时也能提升直播间的活跃度和口碑。

四是创新直播形式。不断尝试新的直播形式，如直播＋电商、直播＋教育、直播＋娱乐等，以满足不同观众（消费者）的需求，同时也能提升品牌的知名度和影响力。

● 平台资源助推品牌销售转化

当今，直播平台在推动餐饮业数字化转型方面发挥着至关重要的作用。众多平台为品牌提供了丰富的营销资源和产品工具，从而助力提升经营能力和品牌的直播效果。这些平台资源有助于餐饮企业在数字化转型的浪潮中立足，并不断向前发展。

如酒拾烤肉，这个面向年轻群体的餐饮品牌，通过精准的用户画像，携手抖音生活服务营销 IP "畅吃聚会日"，巧妙地扩大了品牌声量和行业影响力。同时，参与抖音的"城市大牌企划"活动，并独创了"酒拾年轻力"营销事件，通过大场直播，成功承接了平台的高峰流量，实现了销量的短期迅猛增长。"酒拾烤肉"还将线上与线下营销完美结合，整合了抖音端内的品牌展示专区、官方话题等资源以及端外的户外大屏等媒介，共同打造行业声量，进一步提升品牌影响力。

另外，"外卖＋直播"正在悄然崛起。如美团，从 2023 年 4 月起，开始尝试推进商家直播，商家可以通过自行注册品牌直播官方账号，在美团外卖平台进行自主性质的直播。"老乡鸡"首次探索外卖直播售卖产品，卖了 14 万张券包。由于美团外卖在消费者心中根深蒂固的交易属性，短期带来的急速流量也会进一步成为品牌的长效流量池，这可以带来更高的转化与核销率。

所以，你要懂得利用平台的用户规模、内容生态等多重资源优势，逐渐打造出独具品牌特色的直播风格，以实现声量和销量的双重提升（见表4-7）。

表4-7　餐饮适合的直播平台类型及特点

平台类型	平台	特点
生活类直播平台	美团、抖音、快手、小红书、哔哩哔哩、西瓜……	门槛低，主打分享和陪伴，更为贴近生活，更接地气，亲近感和互动性更高
电商类直播平台	淘宝、京东、拼多多……	流量大，大多以卖货为主
娱乐类直播平台	抖音、六间房、一直播、哔哩哔哩……	直播平台最主要的形式之一，门槛较低，流量池巨大，主播数量相对较多
知识类直播平台	抖音、快手、小红书、哔哩哔哩、知乎……	专业门槛较高，但受众面很广，且受众对知识的主观消费意识强，更易于流量变现

● 网络红人合作/自播/无人直播扩大声量

近年来，餐饮业已经进入了线上线下"双主场"时代，并催生出独特的网络红人生态。网络红人通过实地探店和直播带货等方式，为餐饮商家注入了新活力，助力他们在激烈的竞争中抢占流量高地，为门店注入新的生命力。餐饮企业在直播的运营中与网络红人合作是很重要的一环。

如香雪儿面包房通常选择30—50名网络红人进行合作。其合作策略注重轻量化。在新品测评场景下，主要与3—4级的网络红人合作；而在营销活动方面，则以4—5级网络红人为主。对网络红人内容的传播时间也会精心安排，通常在主推品上线或品牌营销活动前的3—5天进行短期集中曝光，以有效吸引直播间流量，并带动销量的增长。

如今直播间拼的是综合呈现力，需要考虑投入产出比。相对较小的品牌不具有大量的粉丝基础，直播效果也不会太好，此时，借助网络红人声量的营销成本相对较为可控，同时还能在一定程度上带动流量的增长，并且实现长尾宣传效果。

随着直播的发展，餐饮业的"餐饮 + 直播"的新模式也发生了迭代。

1.0 时代，"网络红人带货"，餐饮头部品牌只是尝试直播新方式。

2.0 时代，"少数大品牌直播 + 探店 / 团购网络红人直播"，双轮驱动。

3.0 时代，"品牌直播 + 探店 / 团购网络红人直播"PK"大品牌自播"，餐饮行业纷纷跑步进入直播时代。

餐饮与其他品类直播不同，其技术属性、文化属性，让创始人、厨师亲自上阵直播更为普遍。创始人、厨师的直播风格更为随性，但这种随性也带来了更高的转化率。如西贝莜面村五星大厨王若飞，曾在直播中向 5 万多名网友展示了牛大骨的烹饪过程，直播吸引了 5 万多名爱美食的网友观看，并推动了牛大骨等半成品食材的销售 1217 件。这种以亲身经历和真实感受现身说法的直播方式，不仅增强了信息的可信度，也为品牌塑造了积极的形象，有助于未来品牌 IP 的打造。

另外，随着互联网技术的进步，无人直播正在引领餐饮业的新变革。在众多外卖平台中，抖音外卖因其独特的无人直播模式，迅速在餐饮行业中崭露头角。在无人直播的环境下，用户（消费者）能够通过弹幕与主播进行实时互动，不仅能表达对美食的喜爱，还能提出问题，这大大增强了用户（消费者）的参与感。更值得一提的是，抖音外卖运用 AI 技术，精准地根据用户（消费者）的口味偏好和历史订单，为其推荐合适的美食，为用户提供个性化的点餐建议。这无疑使外卖体验更加人性化、舒适和便捷。

每个时代的餐饮都各不相同，在直播时代大环境下，你必须适应并做出改变。尝试新事物是你的第一步，不论结果如何，至少你向前迈进了一步。如果你不勇于尝试，就永远只能停留在门外，无法踏入这个领域。

短视频，产品、品牌植入文化生活

当消费者都在抖音、快手、小红书等这样的短视频平台上，就证明新媒体已经成为消费者对某种商品喜好传播的主要阵地。

当 10 家餐厅争抢 1 个消费者时,"出片率"已经是决定消费者去哪家餐厅吃饭的重要因素。

当经营环境、媒体环境发生改变时,直播和短视频成了当下餐饮品牌借势出圈的必然路径。

但是,与通常需要一个小时或更长时间的直播不同,短视频营销通过几十秒或几分钟的短视频,创造了一个又一个的营销神话,从而迅速崭露头角,成为餐饮营销领域的一颗耀眼新星。

如果说直播是用户(消费者)与品牌在镜头前的完美互动,那么短视频则是餐饮品牌创意呈现的绝佳方式。

● 短视频vs直播

短视频运营、直播运营是现在兴起的两种新型的营销推广模式,它们都是线上传播方式,都能给你带来流量和销量,但是它们本质却是不同的。

直播更加注重实时性、互动性和社交性,适合特定场合下使用,而短视频更注重创意和内容呈现,适合在日常生活中使用(见表 4-8)。

表 4-8　直播和短视频的差异

	直播	短视频
技术特点	即时传输,实时的网络连接和高质量的视频、音频传输,对网络和设备要求较高	无须实时传输,可预先进行拍摄和编辑,网络要求较低,设备要求也相对较低
影响范围	实时性强的互动形式,能够快速传播,吸引大量用户(消费者)参与,具有广泛的影响力和社交性	注重内容传递和呈现,精心制作,可以更为精准地定位受众目标
内容形式	以主播为中心,通过实时互动形式展示内容,娱乐性、参与感强	注重内容的创意和表现形式,可以通过各种拍摄技巧及后期技术,创作出更为精美的内容

	直播	短视频
制作难度	相对简单，只需要一部手机或摄像机就能完成直播	需要经过策划、拍摄、剪辑等多个环节，要求创作者具备一定的视频制作技能和经验
时长限制	长时间，可持续数小时	内容精简，时长为1—5分钟
使用场景	多在特定场景中使用，展示实时情况，增加用户参与感	多在日常生活中使用，可以记录生活、分享经验、展示才华等，应用场景更为广泛
传播方式	用户实时观看，无法通过分享等方式进行二次传播	短视频通常以社交媒体、短视频平台等为主要传播渠道，可以通过分享、点赞、转发等方式快速传播

●短视频运营技巧

在创作短视频之前，你要清楚地了解短视频营销的步骤，其操作流程如下。

一是内容策划。根据品牌特点和目标受众，制定短视频内容策略，包括主题、风格、时长等。

二是脚本撰写。根据内容策划，撰写吸引人的脚本，突出餐饮产品的特色和卖点，增加用户（消费者）的观看欲望。

三是场景选择。选择适合的拍摄场景，可以是餐厅、后厨、食材来源地等，确保场景符合品牌形象和视频主题。

四是拍摄录制。使用高清晰度的摄像机或手机进行拍摄，注意画面稳定、光线充足，录制过程中声音要清晰。

五是后期制作。对拍摄素材进行剪辑、调色、配乐等处理，加入文字、特效等元素，突出重点信息，增强视频表现力。

六是视频发布。对完成的短视频进行审核，以确保内容符合品牌形象和法律法规，选择合适的平台和时间发布。

七是数据监测。对发布的短视频进行数据监测和分析，包括播放量、点赞量、评论量等，了解用户（消费者）反馈和视频表现，不断优化内容。

八是调整优化。对短视频内容和推广策略进行调整优化，以提高视频质量和转化率。

在具体实施过程中还需要注意一些细节问题，如版权保护、隐私保护等。

然而仅仅掌握操作流程，还不足以让你打造出强吸引力的短视频营销。短视频营销有其独特的运营技巧。

1. 设定独特的选题是吸引用户（消费者）的关键

在众多的短视频中，用户往往只会选择那些与自己兴趣相符的内容观看。因此，要深入挖掘品牌特色、特长及用户的兴趣点，并以此为基础设定主题。同时，要注意与竞争对手的差异化，避免内容同质化。

目前餐饮拍摄的选题非常多，大体有以下几种，供大家参考。

一是开店记录。从选址、装修到开业、产品研发……由创始人亲自拍摄并分享的开店全流程记录。这样的选题很能引发观众的共鸣，并能共同见证创业之路的点点滴滴。

二是餐厅环境。拍摄一些具有特色装修或充满浓郁文化氛围的餐饮店环境视频，往往能获得更高的播放量。这是因为这些店铺的环境独具特色，充满亮点，能够吸引用户眼球。

三是生意情况。拍摄门店排队、生意火爆的一些场景，给人传递一种生意特别好的信息。这种类型特别适合招商加盟的餐饮品牌。

四是员工日常。从清晨的第一缕阳光到深夜的最后一道门锁，从热情周到的服务到辛勤努力的背影，捕捉员工日常中最真实、最接地气的瞬间，这些生活日常很容易引起大家共鸣。

五是绝活展示。餐饮是个技术活，很多餐饮人都具备独特的绝活，如很多人都看过的开啤酒、剥虾、切豆腐等，一个绝活可以带动一个品牌的迅速发展。另外有绝活的员工，也会是绝佳的拍摄素材。

六是员工餐。如果员工餐丰富多样，可以展示这些丰富的员工餐场景，引发大家的羡慕和讨论。

七是菜品制作。拍摄厨师在厨房中忙碌的场景，展示他们洗菜、切菜、配菜的过程，这些画面非常真实，让人联想到家庭厨房的日常，产生亲切感。

八是产品教学。讲述美食制作、美食文化，需要注意分享的美食和文化一定是与自身品牌相契合的。

九是职场段子。门店经常会遇到招聘、面试、管理等多个方面，通过幽默、生动的方式展现职场中的真实场景，也能引发大家的讨论。

2. 内容是短视频的灵魂

只有有趣、有料、有价值的内容才能吸引观众留存。在准备内容时，要充分考虑观众的需求和口味，尽可能提供有针对性的信息。同时，要注意内容的多样性和创新性，避免观众产生审美疲劳。

那么，怎样才能让内容变得有趣、有料呢？以下几种方法就非常有效。

一是奇特吃 / 喝玩法。人的好奇心是无穷无尽的，对新鲜事物总是忍不住想尝试。因此，我们通过创造出有趣的摆盘、新鲜的吃法，往往能成功吸引消费者前来打卡。海底捞就是其中最具代表性的例子，除了服务，其出圈的就是网红吃法。

二是扎心 / 搞笑文案。在自家餐厅拍摄短视频时，不要过于死板地介绍产品，这样会让消费者失去兴趣。相反，可以根据当下年轻人喜欢的内容，创作有趣、有看点的视频。如拍摄包括炒菜和员工忙碌的镜头，配上"干餐饮，只有汗水，没有泪水"这样的文案；拍摄美食享用过程，配上"嘴里很享受，心里很想瘦"的文案，往往更受年轻人的关注和追捧。

三是邀请美食网络红人。这点其实和直播邀请主播网络红人是差不多的，他们拥有独特的特点和风格，拥有流量和影响力，可以帮助品牌迅速扩大知名度，提高消费者转化率。

3. 推广是短视频成功的催化剂

要想让更多的人知道你，就必须制定有效的推广策略。可以利用社交媒体、短视频、论坛等渠道进行宣传，同时借助网红、KOL 的力量进行引流。

当然，说一千道一万，最重要的是立刻行动，一般只有在发布了超过 30 个视频以后，才会慢慢找到一点感觉，所以前期不要想太多，先将视频制作出来最重要。

社群群脉，打造私域流量

流量是什么？流量就是用户（消费者）量，流量就是第一竞争力，甚至是第一生死线。你为什么要做直播，为什么要做短视频，本质上就是为了流量。

然而，现实中，常见这样的一种做法：不管是外卖、直播、短视频，为了流量，不少餐饮人将线下价格战那套搬到了线上，将外卖、直播、短视频当成了一种促销活动。殊不知，促销活动只是一锤子买卖，多少人在直播间、短视频平台、外卖平台上做大力度折扣活动，销售业绩是很好看，可消费者买完转头连品牌名字都没记住。

新营销不是打价格战，而是"＋营销""＋声量""＋销量"，更是要"＋流量"。你通过直播、短视频的方式多渠道引流，不追求无效曝光，而是要将所有曝光引导至你的品牌私域流量池，建立复购式经营，持续保持联系，以实现更长久的发展。

那么，流量有公私之分吗？是的，流量有公私之分。公域流量，也称为平台流量，是指流量巨大且可持续获取新用户（消费者）的渠道，例如微博、百度、小红书和淘宝等平台，其特点广而杂。私域流量，品牌或个人自主拥有的，无须付费、可重复利用，并能够随时接触用户的流量，例如微信群、朋友圈和公众号等。其特点更加精准，转化效果好且直接。那么，你应该如何巧妙地把用户（消费者）留存到你的私域流量池并做好运营和转化呢？

● 构建私域流量池

餐饮行业构建私域的方法和发展模式有很大的关系，模式不同打法也不同。具体来说，有单店与多店（杂牌与品牌）之分。

单店做私域其实并不复杂，不需要过多的策略和技巧。通过简单的社群运营工具，例如拉群、发优惠券、签到打卡领取积分等，就能实现高效的运营。通常仅需要一款社群运营工具即可，如微信。对于单店餐饮商家来说，与其花费大量时间和精力去研究复杂的私域玩法，不如专注于提升菜品质量和用户体验。

多店（正规军）私域玩法的选择更为丰富，但无论如何变化，都离不开以下三个核心的私域运营触点，即你的私域流量池。

一是微信公众号。微信公众号的便捷管理和活动推广功能曾使其成为众多餐饮商家开展私域业务的重要平台。然而，由于当前微信公众号打开率较低，难以与用户（消费者）建立深度联系，因此部分商家已经开始转移阵地，转向微信、企业微信等平台。

二是加好友。加好友是为了实现更精细化的运营，不过这种运营模式对人力要求较高，需要投入大量的时间和精力。在添加好友后，通常需要进行两个步骤：一是制定标准操作流程并进行内容运营；二是在朋友圈进行宣传活动，以提升用户对品牌的认知度和忠诚度。

三是社群。对于多店运营的品牌店来说，除了社群运营工具，可能还需购买SCRM（社会化客户关系管理）、小程序商城等工具。其方法也更多（见表 4-9）。

表 4-9 大品牌餐饮私域渠道运营特征

	餐饮	乳品饮料 / 休闲零食
主要消费场景	门店消费 / 外卖	线上电商 / 外卖
私域渠道重心	App+ 微信小程序	官方号 + 微信小程序
私域运营方式	App 与小程序：作为线上窗口承接线下流量，引导用户进入品牌私域生态，实现转化留存	**官方号：**制造话题，提升用户互动。作为流量承接入口，引流至私域入口。通过短视频直播，平台内商城等途径，形成闭环转化
	在线购买 / 在线订餐，提升用户数字化体验，提高用户留存率。付费会员优惠吸引用户复购，培养用户消费习惯	**微信小程序：**线下流量承接入口，商城功能实现消费闭环
典型品牌	肯德基、麦当劳、瑞辛咖啡、星巴克	伊利、李子柒、良品铺子、旺旺

另外，品牌中又分直营和加盟，其做私域最先要解决的是经营管理问题，直营店由于所有权和经营权集中，更容易实施统一的管理和营销策略。而加盟店则需要

权衡品牌方和加盟商的利益，以确保双方都能从私域运营中获益。因此在加盟前就要谈好线上运营归谁来负责，流量沉淀到哪里，这些都需要提前布局好。

总结起来，对于单店和多店模式，私域策略会有所不同。对于单店，重点可能在于通过精细化的运营来提升顾客的复购率和满意度。而对于多店，尤其是在品牌连锁的情况下，如何实现各门店之间的资源共享和协同效应，打造统一的品牌形象和用户体验，就变得尤为重要。

● 私域流量运营技巧

无论是单店还是多店，无论是微信社群还是官方号，私域流量的运营都存在一些共性特点。其技巧主要涉及以下几个方面。

1. 全渠道引流

当今，人口红利消失，人口出生率逐年降低，餐饮市场需求整体没有增加的同时，餐饮经营者却在增加，这加剧了原本已相当激烈的行业竞争。与此同时，互联网流量红利消失，公域流量越来越贵。在这个"狼多肉少，杆多鱼少"的环境中，餐饮行业用户留存与转化显得尤为重要。在你通过直播和短视频等多种渠道进行品牌宣传、品牌曝光的同时，更是要进行引流，将所有曝光有效引导至你的品牌私域流量池。

具体做法，设置私域流量入口。如线下，在扫码点餐的过程中，你可以顺势邀请消费者添加你的微信。当他们在完成点餐并支付后，可以引导他们添加店长的微信以领取优惠券。此外，在线上外卖、直播等场景中，你可以放置带有社群、App、小程序等二维码或链接，并通过优惠、红包及营销活动引导用户进入私域流量池。

2. 用户分层管理

对于进入私域流量池的用户进行精细化分层整理，并使用标签进行标记，从而更好地了解每位顾客的需求和喜好，以便为他们提供更加精准和个性化的服务。具体做法如下。

了解用户信息。通过与消费者的交流和互动，了解他们的基本信息、购买历史、偏好和需求等，以便为你的分层和标签提供依据。

用户（消费者）分层。根据消费者的不同特征和需求，将他们分成不同的层次或群体。例如，可以根据购买频率、购买金额、购买品类、购买偏好等方式进行分层。

标签设置。根据分层结果，为每个层次的消费者设置相应的标签。标签可以包括消费者的基本信息、购买特征、偏好、需求等，以便你更好地了解每位消费者的特点和需求。

个性化服务。根据消费者的不同标签，为他们提供个性化的服务和产品推荐。例如，对于高频购买且偏好 A 类产品的消费者，可以向他们推荐更多 A 类产品的新品和促销活动。

总之，针对不同消费者群体进行分层管理，有助于减少营销的误伤，提高餐饮门店转化的精准度和转化率。避免采用"一锅粥"式的群发打扰消费者，以便更好地打造优质的私域环境。

不过，这一步骤单店模式通常用得不多。单店模式吸引到的消费者相对同频，更多时候像是"兴趣圈"，本身圈层就已形成。

3. 复购式经营

私域流量运营背后的逻辑是复购，你可以将私域运营视作复购运营，其核心体现便是社群营销。

如我的一个学员，他经营着一家小型面馆，主要依赖线上平台吸引消费者，如美团和饿了么。他在每一份外卖中都会放置一张卡片"好评后添加微信返 3 元现金红包"，这样一个操作，基本上可以将 60% 的下单消费者沉淀到门店的个人微信中。

当微信好友达到 1000 人左右时，他就建了 5 个左右的微信群，用来运营老顾客。其微信群的主要内容包括以下几个方面。

一是用户可在群内直接下单，且下单比美团、饿了么更优惠。

二是方便爱吃面的人进行互动交流。

三是提供价值信息，如选面粉的诀窍是什么、如何煮面更好吃等内容。

四是推出新品，进行打折、拼团的促销活动。

五是每天下午 5 点左右在群内发放 5—10 个红包，以便长期锁定消费者。

六是引导老消费者邀请新消费者进群，并给出现金或优惠奖励。

此外，除了在社群内的运营，他还巧妙地运用了朋友圈的力量。每天他都会在朋友圈分享生意的火爆场面、消费者的好评以及正能量的话语，这种潜移默化的影响让消费者对门店产生了良好的印象。通过这一系列的精心策划，他的营业额在短短一个月内飙升至 20 万元以上。

其实，不管单店或多店，社群营销其实都是一样的，促销、优惠、以老带新……一切都是为了增加复购。

4. 周期性推出爆款

周期性推出爆款，就是在连接消费者的那一刻起，你需要向他们提前预告群内的活动，让他们知道在固定的时间，会有什么固定的动作，或者每隔一段时间会有什么新动作。这样可以让消费者更好地了解社群的运作方式，同时维持新鲜感，增加他们对社群的信任感和参与度。

如肯德基的"疯狂星期四"是一个以"周"为单位的会员活动，这就提供了一个很好的范例。你可以选择特定的日子作为会员活动日，例如"周二会员日"，并为某些菜品提供会员专属价格。

又如庭院人家，每逢节气更迭与佳节喜庆之际，皆会精心策划，推出别具一格的爆款菜品，以飨食客（见表 4-10）。

表 4-10　庭院人家节日推广计划

二十四节气菜品 + 传统节日菜品

二十四节气	
·立春：【雪菜春笋】【麻酱菠菜墩】 ·客户短信： 　　立春，展开春的丰韵，一年复始天新地也新。用好食材告诉您春天的味道，会员尊享立春半价菜：【雪菜春笋】【麻酱菠菜墩】 　　电话：…… ·推广：节日主题海报、微信公众号通过门店平台及全员转发	·雨水：【春韭螺丝头】【坚果芝士板栗南瓜】 ·客户短信： 　　雨水，春到雨水细雨霏霏，雨滴涂抹着春天的画屏。用好食材告诉您春天的味道，会员尊享雨水半价菜：【春韭螺丝头】【坚果芝士板栗南瓜】 　　电话：…… ·推广：节日主题海报、微信公众号通过门店平台及全员转发
·惊蛰：【香椿涨蛋】【柠檬葱油海蜇丝】 ·客户短信： 　　惊蛰天，龙抬头，你不抬头我抬头。用好食材告诉您春天的味道，会员尊享惊蛰半价菜：【香椿涨蛋】【柠檬葱油海蜇丝】 　　电话：…… ·推广：节日主题海报、微信公众号通过门店平台及全员转发	·春分：【荠菜春卷】【奶皮花雕醉枣】 ·客户短信： 　　春风春雨催绿了春苗，柳暗花明美丽了春天。用好食材告诉您春天的味道，会员尊享春分半价菜：【荠菜春卷】【奶皮花雕醉枣】 　　电话：…… ·推广：节日主题海报、微信公众号通过门店平台及全员转发
……	……

传统节日

· 情人节：【串红迷你沙拉】 · 客户短信： 　愿世界化为沧海，愿你我归于初见。 会员尊享情人节半价菜：【串红迷你沙拉】 　电话：…… · 推广：节日主题海报、微信公众号通过门店平台及全员转发	· 元宵节：【团团圆圆——元宵】 · 客户短信： 　万家灯火共聚元宵。 会员尊享元宵节赠品：【团团圆圆——元宵】 　电话：…… · 推广：节日主题海报、微信公众号通过门店平台及全员转发
……	……

节日活动

1. 会员专享日：现执行的月度会员 5 折专享日，具体日期视每月节假日情况而定。

2. 会员储值：执行会员储值方案。根据节日情况灵活调整活动赠送力度。

3. 活动海报：制作相关主题海报通过门店平台及全员转发。

4. 音频推文推广：制作节假日门店活动推广方案，由微信公众平台、抖音快手、微博等网络平台推广。

5. 进店纪念品：根据节日氛围门店针对进店消费顾客派发纪念品。具体礼品以节日氛围而定。如伴手礼、特色菜品等。

6. 节日特价菜：针对不同时间节点，不同节假日制订相应节日特价菜。

7. 会员半价菜：日常会员专享，10 天调整一次，与节假日相对应时视后厨备货状况而定。

8. 消费满赠活动：凡活动期间到店消费可获赠等额午餐代金券。

　备注：此活动消费以菜金消费为准，酒水饮料不做统计。此活动限非会员使用。

　　节气和节日无疑是我们推广爆款产品的绝佳时机，人们对这些特殊时刻总是很敏感，而又充满期待。只要我们持之以恒地把握这些节点，再结合精心策划的节日活动，不仅能够给顾客带来全新的体验，更能培养他们的"期待习惯"。久而久之，每当节气或节日临近，顾客们便会不由自主地关注我们，期待我们推出全新的美味佳肴，为他们的生活增添一份别样的色彩。

　　另外，无论是公域还是私域，都需要持续稳定的内容输出，线上线下相结合，打通流量池。到"节"推出的方式，便是一种持续稳定的内容输出。

需要注意的是，爆款之所以能够吸引消费者的眼球，是因为它们具有创新性和差异化。因此，品牌需要在产品或服务的设计、功能、价格等方面进行创新，使其与竞争对手有所不同。

5. 裂变式传播

为了让消费者愿意分享门店的美食、特色服务和促销活动，你需要精心设计营销策略。首先，确保分享的行为对双方都有利，如分享者可以获得某种奖励，而新朋友也能得到相应的优惠。此外，强调门店的独特之处，如美味的菜品、特色的服务等，也是吸引消费者分享的关键。同时，定期推出有创意的促销活动，以此激发消费者的分享热情。通过这些策略，你可以提高门店的曝光度，吸引更多潜在客户，实现三方共赢的局面。

除此之外，品牌价值的塑造在分享环节中占据着至关重要的地位。即便你已经为消费者提供了丰厚的优惠权益，他们可能仍然不愿意分享，或者在分享时选择"仅部分好友可见"，甚至在享受相应权益后立即删除分享动态。

造成这一现象的主要原因在于餐饮门店的品牌价值感不足。消费者觉得参与门店的分享活动会降低自己的价值感，觉得这是一种"掉价"的行为，因此不愿意分享。人们通常喜欢与他人分享自己的美好时刻，因此你需要注重塑造品牌的调性和价值感，激发消费者主动分享的欲望，让他们觉得到你的餐饮门店消费是一种提升生活品质的象征。

如我上面举的学员例子。他在社群内和朋友圈持续输出价值观念，使消费者逐渐认可自己和店铺。通过这种方式，他成功地锁定了引流来的消费者，且消费者愿意向亲朋好友分享，并激发他们的复购意愿。这种正向的循环传播效应不仅增加了消费者数量，还进一步扩大了影响力。

6. 持续性数据洞察

对私域消费人群进行精准的数据统计分析，是构建私域流量池的关键环节，也是门店实现稳定运营的基础。

因此，要懂得对数据定期更新，随着时间的推移和用户购买行为的改变，需要定期更新用户的分层和标签信息，以确保服务的精准性和有效性。同时，通过数据分析工具，对消费者分层和标签数据进行深入分析，发现不同层次和标签的消费者之间的特点和规律，以便更好地优化您的服务和营销策略。

在构建私域时，你不能照猫画虎盲目模仿。每个门店、品牌的经营状况都是独特的，因此需要根据自己的实际情况调整策略。记住，可以借鉴他人的成功经验，但绝不能完全照搬。此外，实践出真知，切忌过度纸上谈兵，熟读《孙子兵法》不代表可以打胜仗，行军作战，一正一奇，军形、军情千变万化，私域何尝不是如此？

从外卖到直播再到短视频，从公域流量到私域流量，当今时代，餐饮已经是一个多元化的集合体，在这个趋势下，餐饮人迫切需要寻找更贴合当今时代的运营方式。

第三章

黏性系统——简单高效营销策略强化用户黏性

从情感到技术，从记忆到快乐到感动到回访，将产品、服务和品牌深深植入用户（消费者）心智中，打造餐饮新黏性系统。

记忆营销，精妙有力制造记忆点

有一家餐厅，叫"老街大院"。走进餐厅，仿佛穿越了时空。绿色的桌椅与白色的墙壁相得益彰，墙上的"人是铁饭是钢"的大字更是增添了几分亲切感，使人仿佛回到了那个充满欢声笑语的大院食堂。在这里，邻居肉饼、邻家焖浆鸭、婆婆酿豆腐……全都是烟火气满满的街坊菜。点上几道，当看到菜品用铁饭盒装着，不禁让人回想起那个被妈妈喊回家吃饭的温馨时刻……满眼都是复古的景象，在这里吃饭，仿佛回到了那个有着独特记忆的年代，唤起藏在心底的情怀。

常有人说，记忆是永远不变的营销手段。因为不论时代如何变迁，人们的怀旧心理似乎始终如一。那些承载着记忆和情感的产品，总能轻易触动人们的心灵，引发天然的亲近感。就如品牌营销大师马丁·林斯特龙所说的那样："毕竟在回忆里，世界上的一切看起来都恰到好处——安稳的、满足的、有趣的、被保护的、闪闪发光的。"怀旧情感已经成为品牌与消费者之间建立情感连接的重要纽带，而那些能够巧妙运用怀旧元素的餐饮企业，往往能更好地触动消费者的内心，实现商业价值与社会价值的双重提升。

所以，记忆营销是什么？是激发消费者的怀旧心理与情怀的营销方法，是消费者的一场"记忆旅行"。在当今时代，为了吸引消费者的目光并获取流量，各大品牌都将记忆营销作为一种默契的营销策略。尽管记忆营销的具体操作方法各异，但其目标始终如一——让消费者为"往昔记忆"买单。

那么，如何进行记忆营销呢？下面两个方面应该引起你的注意。

●记忆"坐标"找准"记忆点"

如果你将生活中的一切拆分为三个维度，即时间、空间和物件，那么激发怀旧人性的核心要素或许正与生活的这三个维度相互交织。具体来说，主要涉及以下三点。

一是时间。涉及过去、现在和未来的连续性，它让人们思考自己的成长和经历，唤起对过去的怀念和感慨。

二是空间。涉及人们所处的环境，它让人们感受到与周围事物的联系，回忆起曾经熟悉的地方和场景。

三是事物。涉及生活中的事物，无论是大是小，都有可能成为激发怀旧情感的载体，让人们回想起与之相关的往事和情感。

当人们沉浸在怀旧中时，往往会将这三个维度交织在一起，形成一种独特的情感体验。通过深入探索这三个维度的联系和影响，你可以更好地从中汲取力量和灵感。

记忆营销的关键在于从时间、空间和事物这三个维度，找到营销对象群体集体"记忆点"，通过利用共同的记忆点，创造出强烈的情感连接，使消费者更容易产生购买决策。当然，这种集体记忆点可以是一个相对较小的细分内容，比如红白机就是为了吸引"80后""90后"，需要注意的是这段回忆一定是美好的、正面的（见图4-11）。

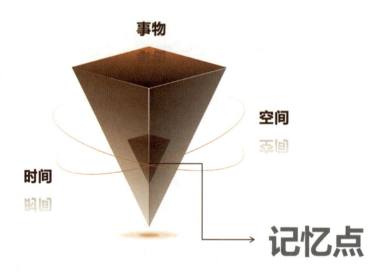

图4-11　记忆坐标与记忆点

如肯德基为了庆祝进入中国市场30周年，深入挖掘1987年这个特殊的年份，将其作为一种集体的记忆符号，推出"价格重回1987年"的特别促销，这一创意使得当时的肯德基的流量和销量都急剧增长。再如大白兔奶糖，曾是很多"80

后""90后"的集体回忆,当其推出大白兔冰激凌,熟悉的味道、熟悉的感觉、全新的触觉,瞬间激发了一拨群众的怀旧风潮,风靡市场。

事实上,每一代人都有自己独特的集体回忆,这些回忆可能是一首歌、一部电视剧,或者是一种美食。通过对营销对象群体在10年前、20年前,甚至更长时间的共性集体记忆,从时间、空间、事物三个维度精心挖掘,你就可以有效地找准记忆点,唤起营销对象群体共同的回忆,并引发强烈的共鸣,进而促进销售(见表4-11)。

表4-11 中国消费者的时代集体记忆示例

"60后"	样板戏、小人书、大字报、大院……
"70后"	黑白电视、二八自行车、陶瓷水壶、大食堂、铁饭盒、五讲四美、阿童木……
"80后"	租书店、租碟店、复读机、变形金刚、黑猫警长、红白机、大白兔奶糖、中学英语课本中的人物:Li Lei、Han Meimei……
"90后"	小霸王、宠物机、按键手机、网吧、流行录音带、名侦探柯南、大耳朵图图……

● 餐饮记忆营销

餐饮记忆营销是一种利用怀旧元素吸引消费者的营销策略。在实际操作中可以通过将记忆元素融入各种营销手段中,从而更好地吸引目标受众的注意力,激发他们的购买欲望。

餐饮行业常见的记忆营销方法如下。

一是怀旧主题餐厅。如将餐厅装修成20世纪80年代或90年代的风格,播放当时的流行音乐和影视作品,提供那个时代的特色菜品和小吃。

二是怀旧活动。组织各种怀旧活动,如"回到童年""80年代之夜"等。在这些活动中,可以邀请消费者穿上那个时代的服装,一起参加游戏、唱歌和跳舞等活动。

三是怀旧菜品。将传统的本地特色菜品和小吃进行改良，保留其经典的口味和做法，再结合现代的烹饪技巧和食材，打造出既有怀旧元素又有创新元素的菜品。

四是怀旧营销活动。通过社交媒体等渠道，发起怀旧主题的营销活动，如"我最怀念的童年美食""我家的老菜谱"等。这些活动可以吸引消费者参与，提高餐厅的知名度和口碑。

当然，具体如何操作，要根据目标消费者群体和餐厅的定位来制定相应的策略。同时，在实施记忆营销时要注意，不要过度追求怀旧元素而忽略了食品质量和餐厅服务的重要性。

快乐营销，轻松自在的精神高峰体验

"未来，一切行业都是娱乐业。"美国著名管理学者斯科特·麦克凯恩2023年提出这一观点。他在书中写道："当下的消费者生活在一种希望被娱乐的文化环境中，就像孩子们期望娱乐化的教育一样。他们期待在买东西、接受服务、获取知识、参加训练和为雇主工作时都能享受到娱乐化的体验。"

且不说这一论断是否无懈可击，但是娱乐在当下的重要程度无须赘述，最典型的例子便是一位带货网络红人的年销售额超越一座大型购物广场已经成为常态，而这背后的原因——娱乐化使然。

追求快乐和满足感，这是人的天性。娱乐作为创造欢乐的方式，满足了人们的这种需求，是对人性的顺应和尊重。同时，对于现在的消费者而言，随着升学、就业、工作压力和通胀的持续增大，他们最缺少、最需要的就是快乐。

另外，随着商品种类的日益丰富，人们对精神层面的需求越来越重视。消费的本质就是通过购买商品来获得快乐和满足感，尤其是在商品极大丰富的情况下，这种特征会更加明显。

娱乐化已经到来并且正在加强，随着传统广告及推广方式的失灵，快乐营销这种借助人的本性需求所衍生出的营销方法，成了当今营销的核心竞争力之一。

● 快乐营销精髓——"快乐链"

快乐营销的精髓在于通过丰富多彩的娱乐形式，将娱乐元素、活动融入你的产品和服务中，与消费者紧密相连，形成情感上的共鸣。这就像是一场美妙的恋爱，让消费者愉悦、动情，让他们从"被吸引"到"我喜欢"，从而对品牌产生了深深的情感纽带。

如菲律宾的快餐霸主快乐蜂，该品牌名称寓意着蜜蜂在辛勤工作中快乐歌唱的精神，员工们像蜜蜂一样辛勤工作，组成团结友爱的团队，酿造人间美味，传递快乐。其创始人陈觉中曾表示，快乐蜂的吉祥物红白厨师蜂就像菲律宾的劳动大众：四处奔走创造美好事物，辛苦时亦不改欢乐的心。菲律宾人更喜欢这只快乐的"蜜蜂"，超越了对麦当劳、肯德基的喜爱。尽管菲律宾年轻人对全球品牌日益倾心，快乐蜂仍持续保有竞争力。

快乐是纽带、是链条，其影响是全程的，不仅仅是销售服务阶段，从售前、售中到售后，快乐都可以发挥作用，贯穿于整个运营链条，包括采购、销售、物流和服务等环节。因此，你要懂得如何打造"快乐链"，以提升消费者的喜爱度和忠诚度。

快乐传递链。即将快乐的体验传递给消费者。它涵盖了产品设计、包装、营销和分销等运营过程，让消费者在接触产品的每个瞬间都能感受到快乐。需要注意的是"只有员工快乐，消费者才能得到微笑的服务"，先让员工快乐才能更好地传递快乐。

快乐价值链。快乐价值链更侧重于在产品或服务的整体价值中体现快乐。这不仅包括产品本身的功能性价值，也包括其情感性价值和象征性价值。通过在价值链中融入更多快乐的元素，提升产品或服务的附加值，并创造出独特的市场竞争优势。

快乐利润链。快乐利润链的核心是利用快乐来提升盈利能力。因为快乐可以提高消费者的满意度和忠诚度，进而增加他们的购买意愿、购买频率和购买规模。快乐不仅是一种竞争优势，而且还是品牌长期成功和增长的基石。

快乐传递链、快乐价值链和快乐利润链，共同构成了企业或品牌在创造和传递快乐方面的营销架构。通过有效地整合这三个概念，你不仅能够提升消费者体验和忠诚度，还能实现可持续的增长与盈利。

●快乐营销"三部曲"

谁能料到，那顶麦当劳的"打工帽"竟然成了时尚潮流的代表！

在 2023 年 7 月，麦当劳推出了全新的开心乐园套餐，购买套餐的顾客可以获得一套扮家家玩具。在这些随机赠送的玩具中，店员遮板帽意外地成了网络热梗，被广大网友亲切地称为"打工帽"。这款帽子可爱、好看，甚至还配备有小对讲机，还原度极高。戴上它，仿佛就能化身为麦当劳的打工仔，体验那种独特的乐趣与挑战。戴上这款帽子的网友们纷纷在社交媒体上晒出自己的 cos 照，一时间刷屏不断。

在这场快乐营销事件中，可以看到三个核心元素：快乐触点——麦当劳"打工帽"，让消费者感受到快乐；快乐体验——年轻人纷纷化身麦当劳"打工仔"，沉迷快乐；快乐传播——拍照玩梗，让消费者将这份快乐传播出去。

而快乐触点、快乐体验、快乐传播就是快乐营销的三个关键步骤。

1.快乐触点，发现快乐的源泉

快乐是什么？快乐是好玩、有趣、舒适、健康、成功、富有、受尊重……

快乐的源泉是什么？对于消费者而言，快乐是源于对品质生活的向往、对美好事物的追求、对新鲜事物的关注。

你要深入探索快乐的本质，思考能给消费者什么样的快乐和幸福感，有什么与众不同之处，从而挖掘消费者的快乐触点。以下几个快乐触点供大家参考。

一是价值体验。一个能够提供高价值体验的产品，能够让消费者感到满意和满足，从而产生快乐的感觉。

二是个性化服务。提供个性化的服务和产品，能够满足消费者的独特需求，使他们感到被尊重和重视，从而增加他们的快乐感。

三是情感连接。当消费者对品牌有了情感上的认同和连接，他们就会感到快乐和满足。

四是便捷性。如果企业能够提供方便快捷的服务，减少消费者的时间和精力成本，他们将更容易获得快乐。

五是创新与惊喜。可以通过创新的产品和服务，给消费者带来新的体验和感受，激发他们的快乐感。

挖掘消费者的触点，其实就是建立消费者对产品、服务的快乐认知。而你的产品、服务能给消费者带来独特的快乐和幸福感，这是与众不同的，你没有理由不向消费者展示这些独特之处，以及他们可以从你的产品中获得的独特快乐体验。

2. 快乐体验，享受快乐的过程

当通过快乐触点成功吸引消费者后，让他们感受到了你的产品或服务所带来的快乐，他们才会真正地沉醉其中。

而要让消费者沉醉其中，除了新奇有趣的设计，还有两个关键要素：体验环境和服务流程，让消费者在每一次接触中都能感受到你的用心与专业。

体验环境，其实就是氛围传达，包括环境打造、个性化直播间打造。这两点前文已有论述，这里不再赘述。

而服务流程，就是让消费者在售前、售中、售后任何一个环节都可以有快乐体验。这除了要做好餐前、餐中、餐后服务，还有以下几点需要注意。

一是购买前的快乐未必来自产品，也可能来自以往的购买经历和别人的分享。很多人竭力避免自己选择甚至试错，这样的消费，会将自身"痛苦"最小化或快乐最大化。

二是购买中消费者很容易不快乐，如味道不符合预期、等待时间长、价格贵等，为此难免产生诸如担心、忧心、烦心、疑心、离心、恶心等心理和反应。但是，总有一种方法可以让他们感到快乐，如通过试用、试吃等即时体验来减少消费者的恐惧，利用提供价值套餐以消除价格疑虑，以及提供延伸服务来建立消费安全感等。

三是购买后的快乐。其实就是为消费者提供"续乐"服务，消费后的精神满足、超乎预期的延伸服务、让人惊喜的情感关怀……都可以让消费者快乐。

3. 快乐传播，让消费者成为传播使者

当消费者因为你的产品或服务而感到快乐时，一方面，要积极充分利用自媒体的力量将这份快乐传播出去。另一方面，消费者不仅会成为忠实顾客，更会成为"品牌大使"，会"自营销"并加以传播，如口头传播以及采用即时通信、微博、微信、博客、论坛、聊天室、社交网站等传播。因此需要为他们创造传播内容和传播话题，并积极引导他们传播。

在娱乐重构商业规则的时代，应当从情感需求的角度出发，以创造快乐为目标，提供给消费者独特的体验；还应该采用快乐营销策略，从餐饮价值链的高度，融入能满足人们幸福感需求的情感元素，以增强竞争力。同时，通过全程化的快乐营销策略，营造出独特的竞争优势。

感动营销，让营销回归人性

这是发生在一家小餐厅的故事。

一天晚上，一名年轻女孩带着她的父亲来到这家餐厅。女孩的父亲患有阿尔茨海默病，已经失去了基本的生活能力，其中也包括自己用餐的能力。当时餐厅的工作人员并没有因此对他们产生任何不适或不友善的态度。相反，当服务员注意到这对父女时，她主动上前，细心地帮助他们将饭菜切成小块，并耐心地给这位父亲讲解每道菜的味道。在整个用餐过程中，服务员始终保持着微笑和耐心，给予这位父亲极大的尊重和温暖。后来，这个女孩和她的父亲也成为这家餐厅的常客，每次来都备受照顾和关怀。他们的故事也成了这家餐厅的佳话。

感动一次，铭记一生！或许是因为菜品的视觉享受，或许是因为它触动了消费者的回忆，又或许是因为服务安慰了消费者……当你的产品或服务能够深深打动消费者的心灵，那么你与消费者之间的关系便超越了简单的服务与被服务的关系，而成为真挚的人与人之间的连接——而这就是感动营销。

我也一直认为，感动是营销的较高境界。它与人的情感紧密相关，是基于人性中对于真善美的朴素追求，无论物质文明如何发达，科技进步如何巨大，或者中外文化差异如何悬殊，人们内心深处始终渴望被关怀、被感动。无论是在日常生活中，还是在商业环境中，这种感动都是非常难得的。正因为它的稀缺性，人们更加渴望能够体验到它。这种对感动的渴望，正是感动营销存在的基础，也正是由于这种持续的需求，"感动"这一概念才得以频繁地出现，并形成了感动营销。

●感动营销的必要性

为什么要做感动营销？一方面，竞争激烈，当你为消费者提供产品时，竞争对手很容易模仿，对于消费者来说，大多数产品是相似的，很难打动消费者并让他们心动。

另一方面，在为客户创造价值的实践中，我们面临着一系列的挑战。首先，创造价值需要成本，这使得餐厅的利润空间受到限制。其次，由于价值的可比性，一旦满足了某一价值，消费者就会期待更大的价值，如果未能满足，他们很容易转向竞争对手。

随着消费信息的日益完备，他们在众多品牌中追求自身效益最大化的行为往往表现出非理性倾向。比如今天可能被 A 餐厅的折扣吸引，明天可能被 B 餐厅的个性化服务吸引，后天又可能因为 C 餐厅的饮食文化而心动。

于是，你仅仅提供产品、服务或浅层的价值创造已经难以满足消费者多样化的需求，更难以获得他们的忠诚度。因此。你也只有在努力满足消费者需求、为他们创造价值的基础上，运用感动营销策略，让消费者在情感互动中感受到深度触动，只有这样的做法才能持久。因为，当消费者被深深打动时，他们对品牌的印象自然会更为深刻。持久的、深刻的印象对维持用户忠诚度起着至关重要的作用。另外，感动不仅包含了情感认知的核心要素，还使得品牌之间的可比性降低。这就意味着，竞争对手模仿这种情感互动的可能性大大降低。即使他们试图模仿，也很难创造出同等深刻的感动。

● 感动营销要点：“感动圈”和“感动点”

1. 构建“感动圈”

在用餐过程中，让消费者产生感动的情形主要有两种。

其一，餐厅通过其产品或服务举措，成功满足消费者的内心需求，引起他们的共鸣。这包括提供情感化的产品（如妈妈的味道、童年的味道）、运用富有情感的环境等。

其二，餐厅在服务过程中所采取的情感化举措也能让消费者深受感动。这种感动往往悄无声息地融入服务细节中，体现了人性化的服务理念和处处为消费者着想的贴心服务。从更广义的角度看，这也可能涵盖了第一种情形中的情感化举措。

因此，感动营销是以消费者心理需求为中心，涵盖产品、环境、服务及创新等环节的营销策略，你要从感动营销体系的逻辑出发，制定“感动圈”（见图 4-12）。

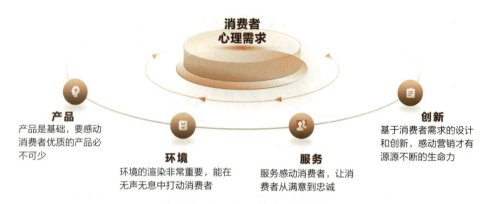

图4-12　餐饮感动营销"感动圈"

在"感动圈"中，消费者心理需求始终占据核心地位，为其他环节提供支撑。而产品、环境、服务、创新则如同四肢，缺一不可。只有这四个方面协调一致才能达到感动营销的最高境界，从而塑造出令人感动的品牌形象。

2. 创造"感动点"

感动营销的核心是超越基本的满意和喜欢等情感层次，为消费者创造深刻的感动氛围和情境。提供情感附加只是实现这一目标的手段，真正的核心是为消费者创造感动，以满足其更高层次的心理需求。那么更高层次的心理需求是哪些呢？这里给出以下几点参考。

一是寻求理解。消费者在购买产品或服务时，都希望得到工作人员的理解和关注。当工作人员能够真正理解消费者的需求和问题时，消费者就会感到被重视和尊重。

二是渴望尊重。消费者在购买过程中不仅希望得到工作人员的尊重，更希望能够得到社会的认可和尊重，要尊重消费者的选择和意愿，避免对其选择进行贬低或攻击。

三是面子情结。在我国文化中，面子情结是非常重的。消费者在购买产品或服务时，往往会考虑自己的面子问题。你需要尽可能地让消费者在购买和使用产品或服务时感到有面子。

四是憧憬之旅。消费者在购买产品或服务时，往往会有一些憧憬和期望。他们希望产品或服务能够带来更好的体验和感受。因此你需要尽可能地满足消费者的憧憬和期望，让消费者感到满意和愉悦。

五是缺失心理。当消费者感到缺失某些东西时，他们会采取行动来弥补这种缺失。你需要了解消费者的缺失心理，并尽可能地弥补这种缺失。

六是攀比效应。消费者在购买产品或服务时，往往会考虑自己的选择是否比其他人的选择更好或更有价值。你需要了解消费者的攀比心理，尽可能地让消费者感到自己的选择是最好的。

当然，你也可以运用马斯洛需求理论来寻找更高层次的精神需求（见图4-13）。

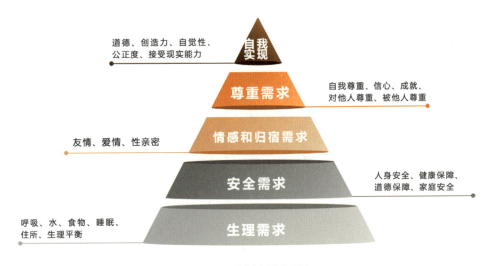

图4-13 马斯洛需求理论

总之，感动营销是一种以人为本、情感至上的营销哲学，因此，你要懂得从情感需求的角度出发，找到与消费者的沟通桥梁，并进行精准的切入和有度的介入，促使消费者持续感受到心灵的触动。

客户回访，情感维系"质检"服务

凯文·凯利曾提过一个著名论断——"1000个铁杆粉丝理论"。他认为，从事创作和艺术工作的人，如作家、摄影师只要能获得1000名忠实读者就能维持生活。虽然这一论断是针对创作者和艺术家提出的，但是作为餐饮人，特别是兼具高超厨艺和文化素养的餐饮人，何尝不是创作者、艺术家呢？

这就是拥有忠实消费者的重要性。

在现今这个流量成本高昂的时代，吸引新的消费者，并将其转化为忠实的消费者，显得尤为重要。要实现这一目标，就需要注重与消费者的互动和回访。通过真诚的沟通，你能够与消费者建立起深厚的情感连接，进而形成一种信任与友谊的关系。

虽然许多人都明白对消费者回访的重要性，知道其能带来诸多益处，如收集反馈、提升消费者满意度、发现潜在机会等，但我要强调的是，对消费者回访并非简单的问候或反馈收集，它实际上是一个充满情感交流的过程，体现了你对消费者的真诚关心与尊重。

事实上，许多人都有过这样的经历：在忙碌的工作中，突然接到一个来自服务提供商的回访电话。电话那头的温暖声音，不仅关心你的使用体验，还为你提供贴心的建议和帮助，这种被重视和关心的感觉，让人感到无比的满足和欣慰。

因此，不要低估对消费者回访的力量，它不仅是一个商业行为，更是你与客户建立深厚关系的桥梁。因此，你必须更加重视每一次与消费者的互动和回访。

● 回访技巧

回访技巧一般包含如下几个方面。

一是确定回访时间。选择一个双方都方便的时间进行回访。

二是明确回访目的。是了解消费者需求，解决消费者问题，还是推销活动，以便更好地进行交流。

三是创造沟通氛围。创造一个良好的沟通氛围，让消费者感受到亲切和关怀，避免过于直接或强硬的推销方式。

四是听取消费者意见。在回访中，认真听取消费者的意见和建议，并及时记录下来。

五是表达感谢。回访结束向消费者表达感谢，并邀请他们再次光顾。

六是记录回访结果。及时记录回访结果，包括消费者反馈的问题和改进意见等。

但是仅做到这一步，你只是完成了一次回访任务。想要和消费者建立起深厚的连接，你还需要做到以下几点。

一是了解消费者需求。在回访之前，多了解消费者的需求和期望，这样才能更好地满足他们，让他们觉得你真的关心他们的想法。

二是选择沟通方式。根据消费者的喜好，选个他们喜欢的沟通方式进行回访，这样他们才不会觉得烦，才会更加愿意和你交流。

三是分享有用信息。告诉消费者一些关于你的产品或服务的小知识或者小贴士，让他们更加信任你，觉得你是真心为他们好。

四是及时处理问题。如果消费者在回访中有问题或者有疑虑，应尽快帮他们解决。这样才能增加消费者对你的好感度，让他们更加信任你。

五是长期保持联系。回访消费者后，持续与他们保持沟通，如时不时地询问他们的满意度或推荐他们感兴趣的信息，这是一种有效的维护方式。

● 三类消费者回访

在餐厅实际运营中，你时常会遇到以下三类消费者：前一天没订上餐的消费者、前一天取消订餐的消费者、前一天严重投诉的消费者。这三类消费者也是你最常见的回访对象，如果处理不好，会严重影响他们对产品服务的印象和看法。因此，我这里着重讲述一下这三类消费者的回访措施。

1. 前一天没订上餐的消费者

致歉。首先要对前一天未能成功订餐的消费者表达诚挚的歉意。

原因解释。简明扼要地解释未能成功订餐的原因，以示并非餐厅的常态或系统问题。

提出解决方案。根据消费者的需求，提出相应的补偿或解决方案，如提供优惠券、免费送餐服务等。

感谢消费者的理解与支持。在解决问题后，表达对消费者理解的感谢，并强调消费者的支持对餐厅的重要性。

2. 前一天取消订餐的消费者

致歉。对于消费者前一天取消订餐表示歉意，让消费者感受到餐厅对此事的重视。

了解取消原因，主动询问取消订餐的具体原因，以便更好地改进服务和产品。

提供补偿。根据原因，为消费者提供相应的补偿措施，如赠送优惠券、免费菜品等。

再次感谢。感谢消费者提出宝贵意见，并表示期待再次为消费者服务。

3. 前一天严重投诉的消费者

认真倾听。首先要耐心倾听消费者的投诉内容，不要急于辩解或打断。

表示歉意。对消费者所反映的问题表示诚挚的歉意。

原因解释。解释出现问题的原因，并强调这并非餐厅的常态。

提供解决方案。针对具体问题，提出相应的具体解决方案，如退款、送优惠券等。

跟进反馈。在问题解决后，及时跟进消费者的反馈，确保消费者满意。

防止类似问题再次出现。要确保餐厅内部对出现的问题进行总结和改进，防止类似问题再次发生。

总体来说，这三类消费者回访技巧的核心在于真诚的沟通、及时的解决方案和持续的改进。

自动营销，实现营销数字化

如果说外卖、直播、短视频是营销内容的呈现方式，记忆营销、快乐营销、感动营销是基于人的情感的有效营销策略。那么自动营销则是结合上述所有元素，并融入多元化营销渠道的营销技术方案。

在信息爆炸的时代，消费者每天都会接收到海量的营销信息。但遗憾的是，这些信息大多数都如出一辙，毫无新意，使得消费者们很难产生兴趣。这就需要你不断地创新，用更有吸引力的内容来吸引目标消费者，因此，压力也会越来越大。

不过，好消息是，营销自动化技术正在逐渐崭露头角。通过自动营销，你可以更轻松地处理大量烦琐的工作，使整个营销过程更加高效、简单。而且，它还可以帮助你更好地应对不断变化的营销环境。

● 什么是自动营销

许多人对于营销自动化的理解存在误区，他们认为只要软件平台通过 API（应用程序编程接口）向接收者发送消息，就称得上是营销自动化平台。如微信公众号、微信群，消费者新关注或新入群自动回复相关欢迎语。其实，这仅是一种功能，远不能称之为完整的营销自动化解决方案。

自动营销是一种市场营销策略，其目标是使营销过程自动化，以提高效率和效果。它通常涉及使用技术工具和软件来管理营销活动，并收集和分析数据以更好地理解消费者需求和市场趋势（见图4-14）。

图4-14　自动营销应用场景及多种触发方式

自动营销说白了，就是在对的时间、对的地点，通过对的渠道给对的人群推送对的内容。但它却可以大大提高效率，降低成本，并使你能够更好地与消费者互动和交流。这使得你能够更好地理解消费者需求和市场趋势，并相应地对营销策略进行调整（见表4-12）。

当然，在自动营销中，许多任务通常由机器来完成，例如分析数据、制定营销策略、发送信息广告等。也就是说，自动化营销主要依赖于营销自动化软件来实现。这时，许多人可能会心生疑虑："这是否需要一定的编程知识，可我自己并不懂这方面的内容。"然而，现如今许多自动化营销平台可供你选择，这大大降低了技术门槛，而你要做的便是选择靠谱的自动化营销平台。

表 4-12　传统营销 vs 自动营销

传统营销	自动营销
·离店消费者无法触达	·离店消费者无接触触达
·服务体验离店即断流	·服务体验无缝衔接
·客流量不断下降	·客流社交互动拉新
·销售手段单一	·销售手段多样化
·用户资源无法沉淀	·打造私域用户流量池
·用户画像无法感知	·用户标签智能化管理
·用户复购率低	·精准营销唤醒"沉睡会员"
·消费数据零散、不统一	·消费数据统一管理、智能解决

●自动化营销平台选择

当今很多自动化营销平台都是一个集成的技术平台，能够捕捉、整合、分析、处理和监控来自不同渠道的大量信息，从而帮助你更精准地定位潜在消费者，并提供更强大的营销优化和监测功能。

但是不管哪一个平台，想要达到自动营销效果，都应具备以下四个关键功能。

1.潜在消费者管理

潜在客户管理是一个重要的环节，它细分为在线培育与消费者评分两个部分。

一是在线培育。抓住消费者与品牌每一次的交互机会，通过有效的沟通来增进消费者对产品、品牌和服务的了解。这不仅有助于市场的培育，更有助于提高潜在消费者的转化率。

二是消费者评分。利用适当的评分体系，对潜在消费者进行评估。通过每一个线索[1]的得分，你可以筛选和排序出高质量的消费者线索，从而更有效地进行后续

---

[1] 线索：特定对象（如目标消费者）或场景（如在特定服务中）提出的有用信息。在网络社交活动时，线索可以帮助你判断谁正在发声、什么是消费者真正关注的信息及消费者需要何种响应。

的消费者开发和维护工作。

2.营销方案管理

自动营销的核心环节在于营销方案的管理，它涵盖了以下四个方面。

一是目标消费者细分。将潜在消费者进行分类，以便根据其特点和需求制定更有针对性的营销策略。

二是营销内容管理。创建、编辑和发布各种形式的营销材料，包括广告、电子邮件、社交媒体帖子等。

三是个性化推送。通过各种渠道（如邮件、短信、社交媒体等）向目标消费者推送个性化的营销信息。

四是消费者价值生命周期映射。将营销活动与消费者的生命周期价值相匹配，以便在消费者的不同阶段采取不同的策略。

需要注意的是，平台须能将来自各种渠道的数据整合在一起，包括线上和线下活动、流量平台、网站、App 和小程序等，从而帮助你更准确地识别消费者的来源，并根据消费者的基础信息、浏览行为和购买记录等数据对消费者进行分组分析，这会为后续的营销活动提供强大的支持。

3.自动营销与 CRM 融合

首先要明白 CRM（客户关系管理系统）和自动营销是不同的。CRM 软件的核心是销售，它主要关注销售流程和消费者关系的维护。而营销自动化则更侧重于营销策略的执行和推广，旨在提高品牌知名度和吸引潜在消费者。

在 CRM 系统中，通常会储存消费者的姓名、电话、地址等个人信息，以及与消费者详细的互动数据。自动营销系统会利用这些数据，使得营销活动得以实现程序化、模块化和自动化，进而对营销效果进行深入分析。

4.营销效果分析与评估

营销效果的分析与评估是营销自动化平台中不可或缺的一部分，它不仅为你提供了宝贵的线索，还有助于更好地了解营销活动的表现。为了实现这一目标，通常需要采用报表的方式来呈现营销效果分析结果，从而让你更加直观地了解数据和指标的变化，进一步优化营销策略。

当然如果你的餐厅规模比较小，可以暂时不去考虑自动化营销平台，很多软件也带有自动化营销功能。如微信公众号，可以设定自动回复、关键词触发、聊天机器人、自动打标签及分组、消息推送等，都是非常容易的自动化营销操作。再如企业微信，你可以通过企业微信智能助手实现以下几个功能：个性化推荐，根据消费者购买记录、浏览历史等数据，为消费者推荐合适的商品；自动化营销，通过智能助手的自动化营销功能，实现会员招募、优惠券发放、促销活动发布等营销动作。

最后强调一点，在数字化时代，必须充分利用技术手段，即使现在还没有应用，也必须具备这样的意识。只有这样，才能在激烈的竞争中保持领先地位，紧跟时代步伐。

第五篇
品牌升维

品牌只是一种感知，随着时间推移，感知将与现实相匹配。

——埃隆·马斯克

第一章

品牌战略——缔造品牌新增长飞轮

无论是新晋的玩家，还是资深的老牌选手，在当今的商业世界中，只有塑造出强大的品牌，才能抵挡住不断变化的商业环境，跨越时代的变迁。

品牌创建，统一问题、目标和战略

随着经济的蓬勃发展和消费者需求的持续升级，品牌消费已深入人心，其影响力无处不在。消费者在选择产品时，不仅关注产品的质量和功能，更注重品牌的形象和口碑。品牌犹如一座桥梁，连接着消费者与产品，是消费者信任和忠诚度的体现。一个卓越的品牌能迅速赢得消费者的信任和认同，从而影响他们的购买决策。

在我国，一个属于新品牌的时代正在加速来临。

从诞生到爆红，蜜雪冰城用了十几年，元气森林用了5年，喜姐炸串用了三四年……在短短10年、5年的时间里，新品牌走完前辈（经典品牌）数十年甚至上百年的发展历程，这并非什么天方夜谭，而是当前新品牌崛起浪潮中的真实故事。

可以说，现今的品牌直接面向消费者，正迎来一个全新的爆发阶段，能够以前所未有的速度抢占市场的头部位置，从而将整个新消费市场的想象力完全打开。

在不断涌现的新品牌浪潮中，关于它们的争议始终如影随形。"烧钱做营销""为网红打工""赔本赚吆喝"，这些新品牌被一些人质疑为仅靠流量而非实质性的产品实力来经营。在他们看来，这些新品牌缺乏最基本的商品竞争力，所做的只是流量的生意。

爆红的新品牌到底是"网红"还是"长红"，这答案可能因人而异。但无可争议的是，没有任何一个品牌可以轻易地获得成功。你更应该看到当今时代下的品牌驱动力及品牌思维，从而更好地去构建你的品牌战略。

● 品牌驱动力

从我国消费品行业的大趋势来看，这些新品牌或者说品牌建设拥有得天独厚的成长环境。

互联网的蓬勃发展为品牌传播开辟了全新路径。随着各类电商和内容平台的迅速崛起，新品牌在渠道成本方面获得了极大的优势。传统的广告费用高昂，如今已不再是品牌发展的桎梏，新品牌得以展现出独特的竞争优势。

年轻消费者的消费观念发生了显著变化。当今的年轻消费群体，"90后"和"00后"，他们更加注重健康、个性与潮流，而价格因素不再是首要考量。同时，他们对国货和传统文化的认同感也在持续增强。

政策层面的导向为新品牌的发展提供了有力支持。当前，国家致力于拉动内需、促进消费，以推动经济发展。随着政府在减轻教育和住房成本方面采取措施，释放出的资金将主要流向消费领域。

无论是从品牌自身的建设还是行业整体的发展趋势来看，这一波新品牌的崛起并不仅仅依赖于单一的营销手段。虽然有些投机者可能在这一浪潮中迷失方向，但对于那些扎根于行业的实干者来说，一个属于新品牌的时代已经来临，并且不会轻易逆转。

因此，在创建品牌之前，你需要对国家、社会、行业、用户和媒体等因素进行全面的考量与整合，统一问题，将品牌与这些要素建立起关系。

● 品牌思维

蜜雪冰城、喜姐炸串等这些新品牌能够迅速崭露头角并深入人心，仅仅归结于营销是难以解释这种现象的。此外，将产品推向全国乃至国际市场，这种广泛的覆盖范围绝非简单的营销所能实现，必然蕴含着一整套的品牌思维策略。

比如，元气森林。在传统饮料市场中，企业通常会将产品售价的一部分用于渠道，一部分用于营销，一部分作为利润，而剩余部分则用于研发和生产。然而，元气森林的策略却与传统做法截然不同。他们首先考虑的是消费者需求，并在研发和生产上毫不吝啬地投入，致力于提升产品的自身价值，使消费者能从产品中获得更多。

另外，元气森林的品牌营销充分迎合年轻人的潮流。其小清新的包装设计，完美契合年轻人对高颜值的追求。产品口味的多样化，则为年轻人带来了前所未有的味蕾盛宴。元气森林的营销渠道也十分精准，主要集中在年轻人经常光顾的内容和电商平台上，以确保品牌与目标受众的紧密互动。作为更懂年轻人、更懂消费者的品牌，元气森林凭借着产品本身的健康属性，再加上内容和电商平台的赋能，很快引起了年轻群体的关注。

没有品牌思维，没有形成有效的品牌运作模式，仅仅依赖产品销售，短期内销量或许有所提升，但长远来看，很难形成核心竞争力。

那么，你应该具备什么样的品牌思维呢？

很多人都知道4P、4C理论，表5-1就是结合4P和4C理论，梳理出的品牌思维。

表5-1　品牌思维

4P	产品	价格	渠道	推广
4C	用户	成本	便利	沟通
品牌思维	产品是否满足了用户需求？是否解决了用户痛点？是否根据不同用户制定了差异化产品内容？	价格是否符合消费者心理价位？用户价格弹性区间如何？用户付费体验是否流畅简单？	用户在各个渠道是否第一时间可以看到内容、活动？是否根据不同渠道属性调整内容风格和定位？	内容、活动是否满足了用户需求？内容、活动是否通俗易懂？是否真诚？是否有鲜明的人设？

● **品牌战略**

品牌战略绝不是你臆想或开会讨论出来的，而是来源于品牌驱动力和品牌思维，即对宏观发展趋势和机会深入研究，对行业进行全面的竞争格局和定位分析，深入了解消费者的消费趋势、消费心理和消费行为等。

你需要立足品牌驱动力、品牌思维，统一问题和统一目标，继而统一战略，建立品牌（见图5-1）。

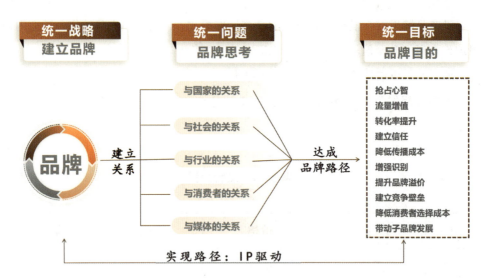

图5-1　品牌战略逻辑

　　商业中有这样一句话："对于大多数企业的成功，很多人往往只看到了水面上的4%，殊不知，隐藏在水面下的96%才是真正要学习的。"对于品牌新势力的崛起，你不能仅仅停留在"看热闹"的层面，更要看"门道"，深入了解其内在的特点和规律，并学习构建自身的品牌战略，打造出具有竞争力的品牌。

关系飞轮，一切商业皆关系

　　为什么说品牌要在国家、社会、行业、用户和媒体等层面建立起关系？因为，所有品牌问题，最终都是解决关系问题。你所做的任何一件事、任何一个商业动作和决策都是在建立和改变一种商业关系。现代商业活动已经不再局限于简单的点对点交换思维。品牌需要将自己融入更广泛的商业生态关系网中，与各种利益相关者建立和维护良好的关系。

　　在这个生态关系网中，每一个人、品牌、企业都成了其中的一环，品牌的价值不仅在于物质或满足需求，更在于其在社会关系网络中的位置。这个位置决定了品牌的身价和影响力。通过与国家、社会、行业、用户和媒体等多个层面建立关系，品牌可以更好地理解市场需求、行业趋势和社会价值观，从而更好地定位自己，提升自身价值和影响力。

另外，在你的实际商业行为中，不管是对消费者、供应商、合作伙伴还是竞争对手，关系都像一座桥梁，连接着你和你的商业目标。每一种关系都像一块拼图，拼在一起才能构成完整的商业画卷。而在这个商业画卷中，品牌占据着无可替代的地位，它承载着商业关系的核心价值，是企业在市场竞争中不可或缺的战略资源。

那么，如何看待这种关系，或者说如何更好地去建立这种关系呢？

● 与国家的关系

很多人可能会嘀咕："我一个开饭店的，能和国家产生什么关系？"

对于餐饮行业来说，国家是品牌发展的基石。许多餐饮品牌的起源和发展都与特定的国家紧密相关。这是因为国家的政治、经济和文化环境为品牌提供了必要的支持和资源。如中餐、法餐、日料等都是各自国家独特资源和文化的产物。同时，品牌与国家的形象密切相关，品牌不仅代表了产品本身，也代表了生产国的文化和传统，是国家形象的重要体现，如全聚德，它的品牌形象与北京的传统文化息息相关。因此，在发展餐饮品牌时，我们需要充分考虑国家这一重要因素。而我们的餐饮品牌可以通过以下方式，与国家建立关系。

一是文化连接。餐饮是一种文化表达，可以通过研究和利用特定国家的饮食文化来与该国家建立联系。例如，如果一个餐饮品牌希望与日本建立联系，就可以研究和提供真正的日本料理，包括寿司、拉面等传统日本食品，同时也可以研究和复制日本独特的饮食文化，如茶道、酒道等。

二是政策连接。了解政策，包括国家的政策、地方政府的规定、行业标准等。通过了解这些政策，你可以更好地理解市场环境、竞争态势和客户需求。进而将品牌的发展方向与政策对标，找到符合政策的业务领域和机会。另外，政策的变化往往带来新的机遇。如政府推行绿色环保政策，可能会带动环保产业的发展，品牌可以通过抓住这些机遇，在新的市场中占得先机。

三是市场连接。根据市场需求、贸易协议和关税情况等因素，决定是否进入某个国家市场。通过深入了解目标国家的消费者需求、价值观和情感认同，品牌可以更好地与他们建立情感联系。另外，品牌可能需要本土化，这种本土化过程有助于品牌与特定国家建立更紧密的关系。

总之，品牌与国家建立关系需要综合考虑多种因素，并采取适当的策略。通过深入了解目标市场和建立强大的本土化战略，品牌可以与特定国家建立长期、稳定的关系。

● 与社会的关系

餐饮品牌不仅仅关乎食物，也是文化的载体，社会的镜子，不仅深受环境影响，而且也为社会经济作出巨大贡献。但同时，餐饮品牌也面临社会责任和竞争等挑战，需要关注社会需求，承担责任，并接受社会监督。具体来说，餐饮品牌与社会的关系主要体现在以下几个方面。

一是社会责任。餐饮品牌应该关注自身的社会责任，包括对员工、顾客和环境的责任。如提供公平的工作环境、健康的食物选择以及采取可持续的社会实践来减少对环境的影响等。

二是公共关系。通过与社区、媒体、行业组织等建立起良好的公共关系，以此提高品牌的知名度和荣誉度，如采取参与社区活动、赞助活动、发表公开声明等方式。

三是公益活动。参与公益活动可以帮助品牌树立积极的形象，同时也可以提高品牌的社会责任感。如可以为当地的慈善机构提供食物，进行食品安全宣传、环保倡议等。

四是社会监督。积极接受消费者、媒体、行业协会、政府部门等社会各方面监督主体对餐饮品牌进行监督和评价。例如，通过公开食品来源、制作过程等信息来增强透明度，通过在线评价、投诉渠道，与政府部门、行业协会等合作建立反馈机制，共同推动餐饮行业的规范和发展等。

● 与行业的关系

餐饮品牌与行业的关系，用一个比喻来形容的话就是明星与舞台的关系。品牌是舞会的明星，用美味佳肴吸引着大家，让人们对整个餐饮行业都充满了期待和信任。而行业，就像一个巨大的舞台，给这些品牌提供了展示才华的空间，同时也会提出更高的要求，让它们在竞争中不断成长。具体说来，应主要做好以下几方面的工作。

一是参与行业协会和组织。通过参与餐饮业相关的行业协会和组织，与同行交流，了解最新的行业动态和趋势，以便建立更广泛的人脉关系。

二是参加行业活动。如美食节、烹饪大赛等，不仅可以展示自己的品牌和产品，还可以与潜在的合作伙伴建立联系。

三是共享资源。与其他餐饮品牌或相关企业共享资源，如采购、物流、营销等，可以降低成本，提高效率，同时也可以建立更紧密的合作关系。

四是关注行业媒体和舆论。通过关注行业媒体和舆论，了解消费者的需求和反馈，及时调整自己的产品和战略，同时也可以借助媒体平台宣传自己的品牌。

五是建立合作伙伴关系。与其他相关行业建立合作伙伴关系，如食材供应商、装修设计公司等，可以共同推进业务发展，实现共赢。

总的来说，餐饮品牌与行业建立关系的关键在于保持开放的心态，积极寻求合作机会，同时关注行业动态和消费者需求，不断提升自身的竞争力和创新能力。

● 与消费者的关系

品牌与消费者的关系，每一个餐饮人都明白其重要性，前文也有很多论述。

这里再强调一点：品牌，作为商业关系的核心载体，不仅是商业活动的关键部分，更是维系企业与消费者纽带的重中之重。它通过创造独特的价值体验，深度吸引并锁定消费者，建立起坚实的消费者忠诚度，累积丰厚的品牌资产。在现今这个市场激烈竞争的环境中，品牌已然成为企业竞相角逐的重要战场。

● 与媒体的关系

餐饮品牌通过媒体传播信息、塑造形象，扩大知名度和影响力。媒体是塑造餐饮品牌形象的重要渠道，通过多种形式展示品牌理念、文化和特色。媒体是餐饮品牌与消费者沟通的桥梁，通过提供反馈和改进建议，增强消费者忠诚度和复购率。在信息碎片化的时代，品牌是产品、企业在消费者心中建立有效细分市场的有力载体，能够汇聚流量，形成一个稳定且高效的流量池。

至于如何和媒体建立关系，其实便是运营板块提到的建立媒体矩阵，利用媒体的力量扩大品牌声量。同时，你应该主动与媒体沟通，提供有关品牌的最新信息，并积极回应媒体的采访和报道请求，这有助于解决可能出现的问题或误解。

品牌战略从来不是拍脑门的事情，而是需要从更高的维度和更宏观的角度进行构建。你必须不断地提升自己的视野和格局，从上述的几大层面编织一个契合当今商业时代的"关系网"，并以此作为品牌战略的基础，进而驾驭时代潮流，顺势而上。

IP飞轮，掌握超级IP打法

在当今社会，IP 已成为众人皆知的词汇。对于消费者而言，IP 是一种象征，一种将认知符号化的表现。用专业术语来解释，IP 就是占领消费者心智的标志。

比如当消费者想吃烤鸭时，就会联想到全聚德，在消费者心中全聚德就是烤鸭的心智符号。当想吃汉堡时，就会联想到肯德基、麦当劳，它们就是"汉堡"的心智符号。也就是说，当你的品牌成了某类东西代表或表达时，你的品牌就实现了相当程度的 IP 化。今天，快速崛起的网红品牌如蜜雪冰城、喜茶、元气森林、李子柒、王饱饱等，无不是 IP 化打法。可以说 IP 是一种品牌发展的强大驱动力，它像超级飞轮一样，推动着品牌的发展，使其不断前进并保持活力。

虽然很多人已经意识到品牌 IP 化的重要性，并模糊意识到品牌 IP 的一些变化，但是认知还停留在品牌 IP 形象 =IP 吉祥物的阶段。今天随着新消费群体的崛起和消费观念的转变，品牌 IP 已经从 IP 形象进化到了 IP 角色（见表 5-2）。

表 5-2　IP 形象 vs IP 角色

IP 形象	IP 角色
品牌识别，形成一个"视觉锤"，即通过独特的形象和标志，使品牌更具辨识度、记忆点 品牌形象大使，发挥代言人的部分功能，增强品牌的亲和力，拉近消费者距离 塑造品牌形象，通过漫画、动画等，生动有趣地传播品牌理念和内容，与消费者互动，进而增进品牌的关联度和情感共鸣	内容化（强调初心、梦想、故事等元素） 场景化（融入生活场景、职场场景、娱乐场景等元素） 世界观化（塑造独特的世界观、人生观、价值观等元素） 文化符号化（成为主流文化、亚文化、新兴文化等的代表符号）

对于品牌来说，从 IP 形象到 IP 角色的转变，是一种质的飞跃。这种升维不仅让品牌从静态的单向告知转变为动态的双向互动，还让传播方式从简单的点线面升级为立体的沟通体系。更重要的是，这种转变促使品牌从孤立的自我打造转向与消费者共同构建，开创了全新的模式。品牌 IP 化有三大策略：超级符号策略、文化价值策略、灵魂策略。

● 超级符号策略

一个强大的符号能够迅速抓住消费者的注意力，并在竞争激烈的市场中脱颖而出。超级符号策略，就是注重通过独特的视觉符号来强化品牌形象。具体做法如下。

一是切入点。以一个 IP 吉祥物（卡通形象）为切入点，同时默认该 IP 形象即为卡通吉祥物，并进一步将其塑造为超级符号。

二是核心功能。IP 形象 = 超级符号，具有高度辨识度的标识，能够快速传达品牌的核心信息和价值观，核心功能就是识别。

三是 IP 形象塑造。找到合适公共符号加以抢占，并为这个 IP 形象赋予情感。

如蜜雪冰城，巧妙地找到两个公共符号，并成功抢占——"雪人"和"自由女神"的形象，将火炬巧妙地转化为雪糕，塑造了"雪王"这个卡通形象。这些公众符号能够轻易地与人们的潜意识相结合，并引发强烈的认同感。同时，无论是王冠还是冰激凌制成的权杖，蜜雪冰城都以赤裸裸的方式展现了小人物的野心，消费者能直观地感知、体验并接受，无须过多思考。2023 年，蜜雪冰城还推出了与该吉祥物相关的动画作品，进一步提升了品牌的知名度和影响力。可以说，蜜雪冰城这个品牌通过"雪王"成功吸引了消费者。

超级符号策略的优势是容易上手，一个 IP 形象就可以闯荡市场。但是，品牌 IP 形象的塑造只有长期坚持和巨额投入，才能成为具有影响力和价值的超级符号。如麦当劳的"小丑"、肯德基的"爷爷"、美团的"袋鼠"、盒马的"河马"等知名品牌 IP 形象，都是经过长期坚持和巨额投入才得以成为超级符号。

另外，随着数字技术全面渗透到生活中，数字原住民开始主导消费，如 Z 世代人群，他们更加注重个性化、悦己和社交属性。未来超级符号的 IP 形象难以出圈，很多传统 IP 形象开始慢慢转型，向 IP 角色转化。如三只松鼠赋予 IP 人格化特征，并创作故事，丰富其内容；肯德基"爷爷"变身"雅痞大叔"，赋予新的价值；麦当劳构建新的 IP 角色——"开心姐姐"，与消费者沟通互动……面对新的品牌 IP 发展趋势，超级符号派都在寻求创新突破。

● 文化价值策略

品牌不仅仅是产品或服务，更是一种生活方式和理念的体现。通过与消费者建立文化共鸣，品牌能够获得更深入的认同感和忠诚度。因此文化价值策略强调品牌所传递的文化和价值观。具体做法如下。

一是切入点。品牌定位或亚文化圈层入手，精准地迎合、切中并引领特定圈层的情感、喜好和趋势。

二是核心功能。IP角色是品牌定位和亚文化的具象体现，主要功能在于促进沟通和互动。

三是IP塑造。围绕品牌定位，对文化竭尽所能地挖掘，将其精髓展现得淋漓尽致（IP情境化），培养品牌的独特气质，并以细节养成。

以茶颜悦色为例。茶颜悦色以"新中式花果与茶"的定位，从亚文化圈层入手，深入挖掘中国文化元素。如独树一帜的海报，其隶书、人物、水墨山水等中国传统文化元素扑面而来，"知乎，茶也"系列宋词、传统水墨色以及中国画的经典意象元素完美结合，方寸间·桃花源、江南渔火、别有洞天等情境化店面设计……茶颜悦色正是通过这些文化元素挖掘，并将这些元素与品牌融为一体，进一步拓宽了其与"新中式"文化的连接，让品牌成了自成一派的中国文化符号。

相比比较容易上手的超级符号策略，文化价值策略入门较难。品牌需要精准定位并找到合适的切入点，以构建具有鲜明个性的IP角色。这个IP角色应该具备独特的人设、理念和态度，以便在市场中脱颖而出。要将IP角色与产品、服务、情境等元素充分结合，注重提供更细致体验，通过多种渠道触达用户。这包括将产品内容化、将场景情境化以及通过社群营销等强化IP角色。IP角色切入后，更重要的是执行和推进"养成"策略（精细化IP体验），这是一个长期的过程，只有持之以恒地行动，才能略有小成。

但是，一旦文化价值IP获得初步的成功，其破茧成蝶只是时间问题。在当前的时代背景下，跻身行业前列也变得相对容易。此外，消费者"养成"的过程，使得彼此间的沟通和理解更为便捷，即使遇到危机，也能迅速应对。

● 灵魂策略

一个有灵魂的品牌只有与消费者建立情感连接，才能在市场中获得持久的生命力。灵魂策略就非常注重塑造品牌的内在灵魂和独特个性，以使品牌成为一个有血有肉、有情感的象征物。要达到这样的效果，就必须做好如下几个方面的工作。

一是切入点。从创始人的初衷和品牌的基因出发，深入挖掘品牌的灵魂，寻找其内在的价值和意义。

二是核心功能。IP 就是品牌灵魂的彰显，主要功能是创造、引领、激发。

三是 IP 塑造。以灵感入魂打造 IP 价值，以情境化灵感打造独一无二的 IP 体验，从而将品牌基因、理念、主张具象化，并赋予品牌以人格、个性。

以喜茶为例。喜茶的经营理念包含两个核心要素，即"灵感"和"卓越"。其创始人曾表示："做一件事情，如果你只有卓越没有灵感，你可能会到处去抄袭别人，但如果你只有灵感没有卓越，你可能会留下很多半成品……"

为了获得灵感，喜茶与多位插画师展开合作，通过富有创意的绘画语言，挖掘生活中的乐趣和喜茶巧妙融合。这些创意元素逐渐汇聚，形成了喜茶独特的 IP 灵魂、个性——禅意 + 极简美学。有了灵魂后，喜茶又延伸出了自己的品牌 IP 逻辑——禅意 + 极简美学 + 灵感。而这个灵感可以作用于产品、文化、情境、品牌、团队、创始人，甚至跨界。

如多肉葡萄，突破了葡萄茶饮的传统表达方式，结合 20 世纪 80 年代流行文化，为其注入了时代美学的"土酷"元素，并推出了一系列以多肉葡萄为主题的跨界合作，从时尚到日常用品，无处不见其紫色身影。同时，设计了一个人格化的形象——多肉小葡萄来与消费者互动……终于，多肉葡萄这一灵感产品，成了潮流、成了一种消费表达，继而升级为一种生活方式。今天很多人也能感受到，由于拥有灵魂，多肉葡萄的 IP 不再局限于某个具体的插画、人物、场景，甚至是特定的 IP 角色和性格。IP 已经与灵魂、品牌融为一体，展现出更加丰富和多元的内涵。

所以，当采用灵魂策略，IP 早已不拘泥于某一个具象的插画、人物、场景、特定的 IP 角色、性格……IP 已经和灵魂、品牌融为一体。品牌作为一个超级 IP 或者说 IP 孵化器，随着灵感的挖掘，可以品牌 IP 化、产品 IP 化、文化 IP 化、情境 IP 化、团队 IP 化……以此类推，不断创造、不断输出，引领各种新的生活方式，这也是 IP 化的最高境界（见图 5-2）。

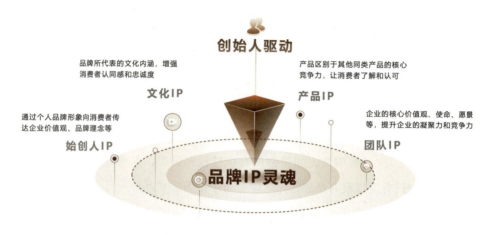

图5-2　灵魂策略IP矩阵

　　相对于超级符号策略和文化价值策略，灵魂策略很容易出彩，因为拥有灵魂的品牌 IP 一出生就与众不同。但是，这种策略的实施高度依赖于创始人。首先，创始人必须具备专注、执着和独立思考的品质，才能赋予品牌独特的灵魂。其次，品牌的生命力与创始人的存在紧密相连。一旦创始人离开，品牌的灵魂可能会变得萎靡甚至消失，如失去乔布斯的苹果。因此，灵魂策略是一种充满挑战和风险的策略，需要创始人的持续投入和关注。

　　当然实现品牌 IP 还有其他的方法，未来也会产生新的方式，关键在于你要意识到，IP 是切切实实的品牌资产，它与传统的卡通形象或吉祥物截然不同；新的品牌 IP 系统会是动态的、进化的，并且具有生态化的特点；未来的每个品牌都会拥有一个 IP 池，其中包含多个不同的 IP（角色），以适应不同的场景、需求和目标人群。

双轮驱动，企业品牌+企业家品牌

　　品牌对消费者来说，主要是提供一种信任感和认知度，从而更容易选择该企业的产品和服务，而创始人则是品牌的创立者和代表者，他们的理念、价值观和经营策略都会为品牌注入灵魂，更好地促成连接。

　　创始人对企业、品牌来说具备双重角色，既是经营人——运营者、管理者、体验者，也是代言人——连接者、交流者、教育者、布道者、传播者。

创始人IP可以赋予品牌人格化的形象，让物化的品牌变得拟人化，从而提升用户对该品牌的亲切感，更深度地达成用户和品牌之间的关系。

创始人IP能够为品牌注入人格化特质，使原本物化的品牌形象变得更具人性，从而增强用户对该品牌的亲近感，进一步深化用户与品牌之间的联系。

所以，当你将餐馆上升到企业层面，实施品牌发展战略时，一定要懂得"企业品牌 + 企业家品牌"这样的双轮驱动模式，以打造感性、理性这样的双线模式（见图5-3）。

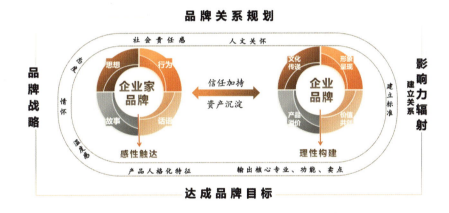

图5-3 "企业品牌+企业家品牌"双轮驱动模式

● 理性线——企业品牌

品牌是餐饮企业的灵魂，它代表着企业的形象、价值观和承诺。而企业品牌建设，就是建立标准，输出核心专业、功能、卖点，解决功能交易问题。说白了，就是要让消费者一看就知道你是做什么的，有什么优点，并且让他们信任你、喜欢你。

这里需要注意的是，在当今竞争激烈的市场环境中，品牌影响力和品牌IP是决定品牌成功的关键因素。品牌影响力体现了消费者对品牌的认知度和信任度，而品牌IP则是品牌独特价值和核心竞争力的体现。

● 感性线——企业家品牌

在商业世界里，创始人的影响力，不仅仅源于企业的成功，更在于他们独特的个人魅力和深厚的专业素养，以及为企业注入的独特经营理念和风格。同时，在IP化时代，可以通过个人的IP形象传递情感、态度和价值观，让消费者感受到自己的独特魅力，从而让自己和品牌及消费者之间建立起更深层次的联系和信任。

因此，企业家品牌对企业来说是一种感性触达，能够建立温度感，并输出情怀、态度、产品人格化特征、社会责任感、人文关怀等，以此与消费者进行对话和交流。

那么，如何打造企业家品牌或者企业家IP呢？

定位自己。要深知自己的优势和特色，拥有自己明确的定位和领域，塑造个人形象，建立个人独特标签，打造吸引用户的磁石。需要注意的是，你所打造的形象和标签一定是与你的企业、品牌相符的。

独一无二的价值。能为企业、品牌提供独一无二的价值，为企业、品牌注入"灵魂"，这价值可能是一款革新的产品，一个深入的见解，或是一种独特的领导风格……只有如此，才能真正吸引消费者的眼球，赢得他们的信任和支持。

持续互动和沟通。这是增强影响力的不二法门。无论是线上交流、论坛演讲，还是面对面的互动，都要关注用户的反馈和需求，只有积极回应每一个质疑和批评，才能在与受众的每一次交流中，深化情感共鸣，增强信任感。

努力IP化。通过多元化的传播渠道，如社交媒体、短视频、博客、演讲等，将影响力推向更广阔的天地。

当然，企业家品牌的炼成，并非一蹴而就。它需要创始人持续地提升自我，不断地丰富专业知识，积极地参与行业交流。只有这样，才能在云谲波诡的商业舞台上，稳固自己的地位，扩大知名度和影响力。

另外，从商业关系、人际关系的角度来看，企业品牌和企业家品牌是企业的两个不可或缺的羽翼。想象一下，如果企业没有一个卓越的品牌，那么在竞争激烈的市场中就难以立足。同样，企业家如果没有个人品牌，那么在商业领域中也难以崭露头角。

企业品牌，就像是企业的一面旗帜，让人一听就知道企业的定位和特色。而企业家品牌则像是一张名片，让人一提起就能感受到企业家在某个领域的专业知识和经验。

通过精心打造这两个品牌，餐饮企业便如同拥有了加速器，能够更快地拓展市场、抓住商业机会。不要低估企业品牌和企业家品牌的威力，它们是推动企业飞速发展的强大动力。

第二章

品牌系统——打造自己的专属品牌格调

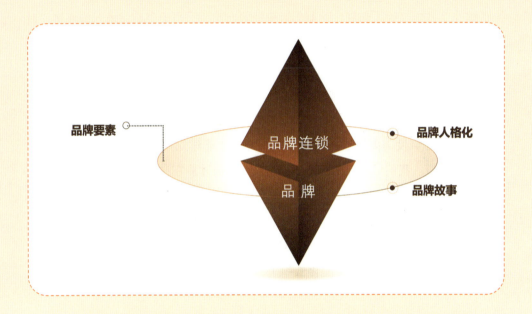

品牌要素、品牌故事、品牌人格化、品牌连锁——品牌系统聚焦新品牌力，迎势而上，成功穿越时代迭代周期。

品牌要素，入目、入脑、入心

究竟什么是品牌？可能问 100 个人会得到 100 种不同的答案。品牌是一个复杂的概念，其定义因人而异。然而，对于消费者而言，当他们有需求时能够第一时间想到你的产品，或者在提到某一品类时能够立刻联想到你的品牌，这就意味着你已经成功地建立了品牌形象。

今天，市场竞争更是品牌间的竞争。不同的品牌犹如夜空中的星星，各具特色，璀璨耀眼。消费者购买的是产品，但真正让他们铭记在心的，却是品牌。品牌的认知度和忠诚度需要经过长期的积累与努力才能建立。要在众多品牌中脱颖而出，绝非易事。我们只有强化品牌形象与品牌价值才能在激烈的市场竞争中获得更多的竞争优势。

要实现这一点，除了产品、服务过硬，更需要在品牌形象上进行精心设计和包装。这包括为产品起一个好名字、设计独特的标志，拟写能够引起共鸣的宣传语，提供让人信赖的支持证明等（见图 5-4）。

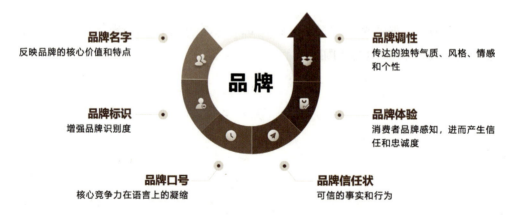

图5-4　品牌要素

● 品牌名字

一个易于记忆、独特且富有意义的品牌名称是品牌成功的关键。它应当能够反映品牌的核心价值和特点，以便消费者在众多品牌中迅速识别。

毋庸讳言，品牌取名是一门学问，毕竟，消费者在心中的购物清单上记住的往往只是品牌名称，而非其他。因此，为了在消费者心中留下深刻印象，正确的品牌命名策略必须基于消费者心智规律，并遵循品牌命名的"四要"原则，即引发品类联想、突出特性联想、简短便于记忆、避免混淆。

品类联想。让消费者一听到这个名称就知道"你是谁""你做什么"，马上就能明白品牌或产品的定位和功能，从而提高沟通效率。比如，周黑鸭、饭扫光，一听就知道是制作卤鸭和下饭菜的，消费者能够迅速理解并产生购买意愿。这种明确的品牌定位有助于消费者快速做出决策，同时也让品牌在市场上更具竞争力。

特性联想。消费者听到一个品牌名称时，能够立即产生对该品牌的反应和印象，这种印象来源于现实状况和文化背景。例如，提到红牛，人们会想到一个能量饮料品牌，而提到黄牛，人们可能只会想到一种动物，不会产生特性联想的效果。

简短易记。消费者听得出、记得住、愿意说，尽一切可能降低消费者记忆负担，增加传播机会。品牌名最好是两个字或三个字，四个字并非不可以，但是品类联想要做到极其强悍，无须附加品类名称。如农夫山泉、汤城小厨、庭院人家，不需要矿泉水、餐馆这样的品类注解，人们就知道是卖什么的。

避免混淆。避免与知名品牌的名字太相似，其目的也是利于品牌传播。虽然一些企业可能觉得通过"搭便车"策略能够快速获得市场份额，但是在品牌竞争中，这种策略往往难以实现真正的成功。

另外，你必须认识到，餐饮业与其他行业存在显著差异。在餐饮业中，许多经营者专注于地方菜系、传统工艺和当地知名小吃。他们可能认为，将品类名称注册为品牌名就能在市场中独占鳌头。然而，实际情况并非如此。以金华火腿为例，当人们首次听到这个词时，他们往往会问："金华的火腿呀，哪个牌子好？"即使金华火腿实物呈现在他们面前，他们仍可能感到困惑："怎么回事，这个产品连个牌子都没有？"在消费者眼中，他们很难区分金华火腿究竟是一种火腿类型还是一个品牌名称。

●品牌标识

一个醒目、独特的标识是增强品牌识别度的重要手段。

如何设计？需要你深入了解品牌的核心价值观、目标受众、行业趋势等，以下是一些设计品牌标识的基本步骤和注意事项。

一要明确品牌定位。在开始设计之前，要明确品牌的定位和目标受众，以便于选择适合的品牌标识风格和调性。

二要研究竞争对手。了解竞争对手的品牌标识设计，分析其特点和优缺点，以便在设计时有所借鉴和避免重复。

三要选择合适的颜色和字体。颜色和字体是品牌标识的重要元素，要选择与品牌调性相符的颜色和字体，同时要注意颜色的搭配和字体的易读性。

四要设计简洁明了的标识。品牌标识应该简洁明了，易于识别和记忆，避免过于复杂或难以理解的图案或形状。

五要考虑多种应用场景。品牌标识需要适用于不同的场景和媒介，包括网站、社交媒体、宣传物料等，因此在设计时要考虑多种应用场景，以便标识在不同的场景中都能够展现出最佳效果。

六要注册商标。在品牌标识设计完成后，要及时进行商标注册，以保护品牌的合法权益。

概括而言，品牌标识的设计，在效果上追求的是一种"惊鸿一瞥"的震撼力，让消费者在第一眼看到时就能立刻认出并记住。在方法上，把握好功能定位、行业属性和消费心理，对符号元素进行艺术加工（侧重图形和色彩的运用），形成独特的风格和符号效果。

●品牌口号

品牌口号是品牌核心竞争力在语言上的凝缩，是品牌"信念可视化"，并可直接传达给消费者。品牌口号的设计公式如下：

品牌口号 = 需求 + 行动 + 品牌

比如，"爱干净住汉庭"，"干净"是需求，"住"是行动，"汉庭"是品牌；"怕上火喝王老吉"也是如此。当然，这三个要素不一定全部具备，需要根据产品和品牌的实际情况而定。

●品牌信任状

信任状是什么？是让你的产品和服务显得可信的事实和行为，它是品牌沟通的重要组成部分，能够让品牌在消费者心中树立起可靠的形象，从而提升品牌价值。表 5-3 就是一些常见的餐饮行业信任状。

表 5-3　餐饮行业 10 大信任状

信任状	作用
资质认证	食品安全认证、环保认证、质量管理体系认证等，证明餐饮企业具备相应的专业能力和管理水平
食材来源	公开透明地展示食材的来源和品质，并确保食材的新鲜、安全、卫生
服务质量	优质的服务可以提升消费者的用餐体验，增加回头客的概率，从而提高餐饮企业在消费者心中的信任度
有效承诺	免费试吃，不满意无条件免费退
可感知实验	现场制作，让消费者眼见为实
权威第三方证明	老字号、名厨背书、重大奖项等，打造"金字招牌"
口碑评价	消费者在各大点评网站、社交媒体上的评价和口碑
行业评级	行业权威机构出具的评级报告，如厨师等级、酒店星级等，从而证明企业在行业中的地位和声誉
热销	最受青睐、产品供不应求
开创者	新菜品推出、新饮品推出，"我是原创，别人都是山寨"

当然，除了以上 10 个方面，取得消费者信任的方法还有很多，你在向他们提供信任状的时候，一定要多种方法并用，并尽可能地打造一个立体的信任状。

● 品牌体验

产品和服务是品牌的载体和依托，餐饮行业产品的质量、性能、外观等因素及服务水平，直接影响到消费者对品牌的印象。同时，也只有通过提供优质的产品或服务，才能让消费者获得对品牌的感知，进而对品牌产生信任和忠诚度。

而关于产品和服务本书已有详细论述，这里不再赘述。但要强调一点，必须持续优化品牌体验，如提高产品质量、改进服务流程、增强客户关怀等，只有这样才能够让消费者对品牌更加满意和认同。

● 品牌调性

品牌调性是指一个品牌所传达的独特气质、风格、情感和个性，是品牌要素的重要方面，也是与其他品牌相区别的特征。这个特征通过强化品牌的个性特点，如时尚、活力、温馨、专业等，能够让消费者更容易地产生共鸣和认同感，并与品牌建立情感联系。

品牌调性的设定对于品牌的成功至关重要，因为它决定了品牌在市场中的定位和形象，可以通过多种方式来体现，如视觉元素、语言风格、品牌故事等。其中品牌故事和品牌人格化会是不二法门，下文中我会为大家详细讲述。

品牌故事，匹配同频价值

大家都知道茶叶市场有一款茶——小罐茶。你知道它是怎么火的吗？

小罐茶聘请了八位大师，打造了一部《八位大师，敬你一杯中国好茶》的品牌宣传片。让八位泰斗级制茶大师联合起来，共同打造一个品牌，为中国好茶树立标准，是历史从未发生过的事情，小罐茶做到了。

为什么小罐茶能够有这么大的手笔？因为它的创业情怀。2012 年 6 月，小罐茶开启了寻找中国好茶的征程，历时三年时间，走遍了中国所有茶叶核心产区，经过不断的考察和筛选，最终用自己的情怀、理念和诚意，打动了八位泰斗级制茶大师，每位大师负责为小罐茶打造一款能代表个人技艺巅峰水准的产品。

缔造中国好茶的情怀和八位大师，便成了小罐茶最为津津乐道的创业故事，这个故事中，不仅有小罐茶这个新品类的故事，更有小罐茶的理念和中国茶文化的深刻内涵。

所以，品牌故事是品牌与消费者建立深厚情感连接的关键。一个动人的品牌故事能够触动消费者的内心，使他们与品牌产生共鸣，从而建立起持久的忠诚度。

● 做品牌要懂得讲故事

一个引人入胜的品牌故事能够增加品牌的认知度。在信息爆炸的时代，人们往往只关注自己感兴趣的内容。一个有深度的品牌故事能够吸引人们的注意力，使他们在众多品牌中记住你的品牌。

一个好的品牌故事能够传达品牌的价值观和理念。品牌不仅仅是一个产品或服务，更是一种价值观的体现。通过讲述品牌的故事，可以向消费者传达品牌的核心理念和价值观，使消费者更加了解品牌的内涵。

一个动听的品牌故事能够驱动消费者的行为。当消费者对品牌产生了情感连接，他们不仅会成为品牌的忠实拥趸，还会主动传播品牌的正面信息，推动品牌的增长和发展。

一个诱人的品牌故事还能为品牌赋予独特的个性。每个品牌都有其独特的历史、文化和愿景。通过讲述品牌故事，可以使品牌的个性更加鲜明，与其他品牌形成差异化，使品牌在市场中更具竞争力。

然而，很多人对品牌故事存在着误解。他们一提到品牌故事，就会想到品牌的历史或创始人的创业故事。当他们审视自己的品牌时，由于没有悠久的历史，自身经历也平平无奇，便认为自己的品牌没有故事可讲，其实这是不对的。

● 人人可讲的品牌故事

品牌故事，不仅包括品牌的发展故事、产品故事、创始人故事，而且更有品牌名称寓意和品牌价值、态度，这都是你非常宝贵的故事素材，也是你很好的品牌故事切入点。

　　拿品牌名称来说，一个出色的品牌名称，不仅具有引人注目的特性，而且富有深意。例如"外婆家"这一品牌名称本身就富有故事性，传递出家的温暖与亲切感。在餐饮行业中，品牌名称可以成为讲述故事、吸引顾客和提升品牌认知度的有力工具。精心设计的品牌名称可以触动顾客的情感，让他们对品牌产生更深厚的情感连接。

　　再说品牌态度，可能有些人会认为对一个新品牌谈这个太实际。然而，乐纯酸奶却以一种"吃货的态度"展示了品牌的独特性。那些不愿谈论态度或认为不能谈论态度的品牌，要么是因为他们没有从自身品牌的实际情况出发，导致内容缺乏关联性，要么是因为他们在做产品的态度上存在问题。事实上，对于餐饮产品来说，工匠精神和工匠态度至关重要。你可以大胆地讲述自己的态度，而这种态度会成为品牌价值的重要组成部分。品牌价值的每一个点都可以被充分利用，从而挖掘出一个引人入胜的品牌故事。通常，品牌故事有以下切入点。

　　起源与愿景。首先，解释品牌名字的由来。是因为创始人的一些特别理念，还是为了纪念某个特别的人或事件？这个愿景后来如何演变并成为品牌的核心价值观？

　　创新与传承。品牌是如何在保持核心价值的同时不断创新和发展的。在产品、设计、服务等方面，有哪些重要的里程碑或突破？

　　挑战与克服。品牌在发展过程中遇到了哪些困难和挑战？是如何克服这些困难的？这些经历如何塑造了品牌的特质？

　　影响与贡献。品牌对社会、行业或消费者产生了哪些影响？有没有一些特别的事例或数据可以证明这一点？

　　未来展望。对于品牌的未来，有什么样的规划和期望？品牌将继续坚持哪些价值观，又将如何与时俱进，持续创新？

　　情感连接。讲述一些与品牌相关的感人故事，可以是关于消费者的，也可以是关于员工的。这些故事如何加强了品牌与其利益相关者的联系？

　　相关人物与事件。品牌的历史中，有哪些重要的人物或事件是不能忽视的？他们是如何影响品牌的？

　　独特卖点。为什么消费者应该选择你的品牌？其独特之处是什么？

　　社会责任。品牌在履行社会责任方面的实践和成果，比如环保、公益等方面的行动。

　　品牌形象。品牌的标志、颜色等视觉元素是如何与品牌故事相辅相成的？

当然以上的这些角度，只是给你一个启发，让你不至于没有故事可讲。但是每一个品牌都是独一无二的，品牌故事的切入点自然也应该是独特的，而且不是单一的。你应该学会从不同角度去相互融合、打磨，提炼出和自身品牌相契合的独到之处。

●讲好品牌故事的五大步骤

讲好品牌故事需要以下步骤。

一是确定品牌的核心价值观和定位。品牌故事应该能够反映品牌的核心价值观和定位，这些价值观和定位应该是独特的，并与目标受众产生共鸣。

二是确定故事的主题和情节。品牌故事的主题和情节应该能够吸引目标受众的注意力，并传达品牌的价值观和定位。主题和情节应该具有连贯性，能够让受众理解品牌的理念和历程。

三是创作故事内容。根据品牌的核心价值观和定位，以及主题和情节，创作出具有吸引力和连贯性的故事内容。在创作过程中，应该注重细节描写和情感表达，让受众能够感受到品牌的独特魅力和价值。

四是选择合适的传播渠道。品牌故事需要通过合适的传播渠道传达给目标受众。可以选择传统的广告、公关、促销等渠道，也可以利用数字媒体、社交媒体等新兴渠道。在选择渠道时，应该注重受众的接受度和渠道的覆盖面。

五是持续优化和改进。在品牌故事传播过程中，应该持续关注受众的反应和反馈，根据反馈调整和优化品牌故事的传播策略。同时，也应该不断创新和改进，保持品牌的活力和吸引力。

总之，讲好品牌故事需要注重细节和创新，同时还要保持品牌的独特魅力和价值。当然，关键在于真实、生动和情感连接。也即不仅要让消费者了解品牌的过去和现在，还要让他们感受到品牌的未来愿景以及为什么这个品牌值得信赖和支持。

品牌人格化，建立关系桥梁

20 世纪 50 年代，在广告创意策略领域中，美国 Grey 广告公司提出了"品牌性格哲学"，与此同时，日本小林太三郎教授则提出了"企业性格论"。这两者共同催生了广告创意策略中的一股新兴力量——品牌个性论。

品牌个性论在回答广告"说什么"的问题时，认为广告不只是"说利益""说形象"，而更要"说个性"。

在与消费者的沟通中，从标志到形象再到个性，个性是最高的层面。品牌个性比品牌形象更深入一层，形象只是造成认同，个性可以造成崇拜。❶

随着时间的推移，这一理论在移动互联网的推动下，又有了新的发展，即品牌人格化。简而言之，品牌个性源自何处，答案就是品牌人格化。

品牌人格化是指将品牌视为一个具有个性、情感和价值的人，而不仅仅是一个商标或标识。

品牌人格化，就是尽可能地让品牌像 IP 那样，具有鲜明的人格特征，靠调性、高频，靠内容输出来被消费者感知、认知和接受。

通过人格化的方式，品牌可以与消费者建立更加深入的联系，并在市场中形成独特的竞争优势。

那么，如何进行品牌人格化呢？在互联网时代，每个人都可以成为自媒体的一员，各种媒体形式都具备个人特征。无论是来自草根的奋斗者还是行业中的领军人物，都在努力打造属于自己的 IP。为了实现这一目标，他们需要遵循自媒体运营的两个关键：定义独特的人格特质以及输出调性内容。既然品牌需要像人一样进行运营，那么品牌 IP 人格化的策略也可以借鉴上述方法（见图5-5）。

图5-5　品牌人格化方法

---

❶ 品牌个性论.百度百科.https://baike.baidu.com/item/%E5%93%81%E7%89%8C%E4%B8%AA%E6%80%A7%E8%AE%BA/6970361?fr=ge_ala.

●定义人格体

菲利普·科特勒认为，成功的人格形象已经成为最佳的公关策略。在品牌营销领域，人格化是一种将品牌塑造为具有鲜明个性的战略手段。

为了构建这样的人格形象，首先需要找到与之匹配的人格体。品牌营销领域已经总结出了"品牌12人格"——将品牌与人类性格特征相对应（见表5-4）。

表5-4 "品牌12人格"

理想主义者	品牌具有高度的理想和价值观，能够引起消费者的共鸣和认同
怀疑论者	品牌提供可靠性和信誉，让消费者信任和放心
冒险家	品牌具有创新和探索精神，能够激发消费者的好奇心和冒险精神
挑战者	品牌具有挑战和竞争意识，能够激发消费者的斗志和竞争欲望
创造者	品牌具有创造力和创新性，能够提供新颖、独特的解决方案
知识分子	品牌具有深厚的专业知识、文化内涵，能够提供高质量的信息和服务
领导者	品牌具有领导力和权威性，能够引领行业和市场的发展
忠诚者	品牌具有高度的忠诚和可靠性，能够建立长期稳定的用户关系
享乐主义者	品牌注重感官享受和愉悦体验，能够提供快乐和满足感
实用主义者	品牌注重实用性和功能性，能够满足消费者的实际需求
社交者	品牌具有社交性和互动性，能够建立广泛的社交网络和人际关系
随和者	品牌具有温和、友善、亲和力等特征，能够与消费者建立和谐的关系

通过了解"品牌12人格"的概念，我们可以更好地理解消费者对品牌的感受和需求，从而更好地定位和塑造品牌形象，提高品牌价值和竞争力。因此，当你想要打造自己品牌的人格形象时，可以对照以上的这12种人格进行定位。

当然仅仅知道自己的品牌是什么"角色"还不够，因为同一个角色也可能展现出不同的性格，例如领导者可能会是严肃的，也可能会是幽默的。所以，还要注意品牌所扮演角色的性格。如麦当劳的品牌性格是快乐、友好，采用了金色拱门、快乐儿童餐和游乐设施等元素打造快乐氛围。三只松鼠的主性格是卖萌的，以可爱的姿态与消费者沟通。

所以，在确定了人格体后，你还需要确定品牌性格。品牌性格有很多选择，高冷、幽默、热情、正经、亲切、卖萌、懒惰、勇敢、内向、细心、沉着……在众多品牌性格选项中，总有一种适合你的品牌和产品。

需要注意的是，在设定品牌性格时，必须基于品牌的角色、价值观、定位以及消费者特性，同时确保基于事实进行润色。

● 输出调性内容

品牌个性论认为：为了实现更好的传播沟通效果，应该将品牌人格化，即思考"如果这个品牌是一个人，它应该是什么样子（找出其价值观、外观、行为、声音等特征）"。

塑造品牌个性应使之独具一格、令人心动、历久不衰，关键是用什么核心图案或主题文案能表现出品牌的特定个性。[1]

因此，打造一个有调性的人格体内容，需要从多个方面入手。

一是明确调性。即所追求的风格和氛围。这需要深入了解目标受众的兴趣、需求和情感倾向，以便为他们量身定制独特的内容。

二是独特观点。有独特的观点和见解，能够引起共鸣并启发思考。通过提供新的角度和思考方式，能够让受众感到耳目一新。

三是价值主张。只有有价值的内容才能够引起关注。要明确价值主张，并将之贯穿于整个内容中，能够帮助受众认识和了解所传达的核心信息。

四是语言风格。语言风格是人格体内容的重要组成部分。选择适合受众的语言风格，如幽默、正式、亲切等，能够更好地传达情感和信息，并与受众建立良好的

---

[1] 品牌个性论.百度百科.https://baike.baidu.com/item/%E5%93%81%E7%89%8C%E4%B8%AA%E6%80%A7%E8%AE%BA/6970361?fr=ge_ala.

沟通桥梁。

五是形式多样。用多种形式来呈现内容，如文字、图片、音频和视频等。多样化的形式能够使内容更加生动有趣，提高受众的参与度。

六是合作互动。可以与其他相关领域的意见领袖或品牌合作，共同打造有深度和影响力的内容，以此提高品牌的知名度和美誉度。

七是创新思维。在内容创作过程中，要敢于尝试新的思路和方法，如强反差、奇葩、萌化……通过创新思维，可以打造出与众不同的内容，吸引更多受众的关注。

八是情感共鸣。通过表达真实情感和与受众共情，可以拉近与受众的距离，让内容更具吸引力。同时，也要关注内容的正面情感色彩，以传达积极向上的能量。

九是持续优化。随着时间的推移，受众的需求和兴趣可能会发生变化。因此，需要持续关注受众反馈，不断优化内容，以保持与受众的紧密联系。

今天，网络的力量无比强大，内容的品质和调性对于打动用户至关重要。只有当内容具备高品质和独特风格时，才能真正触动用户，从而增强品牌的实力和影响力。

随着时间的推移，我越发认识到，做品牌和做人非常像。如今，都更加注重内在的探寻，力求展现真实的自我，而非外界期待呈现的模样。对于品牌而言，也是如此，越来越回归内核，去做聚焦，找到那个与别人真正不同的内核，然后以此为基础，延伸出品牌所有的产品和呈现方式。

品牌连锁，打造品牌力矩阵

"成功是系统的，失败是片段的。"连锁经营是 21 世纪最成功的商业模式之一，其魅力在于，它像是一把金色的钥匙，开启了规模经济和品牌扩张的大门，构建起了一个强大的"商业帝国"。

连锁经营首先要构建规模化运营模式，通过多个分店的协同作战，餐饮企业可以实现采购、物流、销售等环节的优化，降低成本，提高盈利能力。其次要构建强大品牌磁场，不仅能够将品牌的种子播撒到更广阔的土地上，更能在这个过程中培育品牌的沃土，使其茁壮成长，从而吸引消费者的目光，提升品牌知名度和市场占有率。

对于餐饮品牌而言，连锁经营是拓展版图、开疆拓土的有力工具。它无论是将分店开到更多的城市，还是推出新的产品线，都能为品牌带来无限的可能。

然而，令人遗憾的是，许多企业并未真正把握连锁经营的核心和精髓，仅停留在门店收益的浅层层面，存在着扩张不兼容、标准化复制过程出现偏差、对于加盟商的支持不到位等问题。那么，品牌连锁到底该怎么做呢？这就需要遵循品牌连锁发展的四个路径（见图5-6）。

图5-6　品牌连锁发展路径

● 确定扩张方式

在品牌连锁的发展过程中，选择合适的扩张方式是至关重要的。传统的做法通常是先实现盈利，再逐步扩张，这种方式强调对单店运营的精细打磨，注重标准化流程的建立和样板市场的培育。

然而，如今也有一些企业选择采取先扩张再盈利，或者边盈利边扩张的发展模式。如小肥羊，就采取了先扩张再盈利的策略。凭借整体的规划、成熟的经营模式和团队实力，迅速打开了市场。这种策略的优点在于能够在短时间内扩大品牌影响力，提高市场份额。

那么，你的连锁品牌应该采取什么样的扩张方式？又会如何选择呢？

选择合适的扩张方式需要根据品牌的特点、市场环境、竞争态势等多方面因素进行综合考虑。不论选择哪种方式，关键在于保持战略的清晰性和执行的有效性。

连锁运营，战略先行。将扩张方式规划好，基本便能确定品牌连锁的发展战略，这是连锁发展的第一步。

● 连锁模式设计

连锁经营有多种形式，包括直营、加盟、特许、整合、兼并、收购等。

那么，这些模式有什么区别呢？你可以通过投资人、经营者、管理者三个角色，很好地理解连锁模式。比如，如果投资人、经营者和管理者都由总部担任，那么这种模式就是直营模式；如果投资人、管理者是加盟商，而经营者则由总部担任，那么这种模式就被称为特许加盟；如果投资人是加盟商，但管理者和经营者均由总部担任，那么这种模式就是托管加盟。

连锁模式大多可以根据投资、经营和管理方式的不同而划分。每种模式都有其特点和适用范围，选择合适的经营模式对于企业的成功至关重要。在实际操作中，要根据具体情况分析，选择最适合企业或项目的经营模式。建议从以下两个方面考虑。

一是根据战略目标选择适合的连锁模式。如果企业希望快速扩张市场份额，可以选择加盟或特许经营模式；如果企业希望加强对门店的管控，可以选择直营模式。

二是根据资源和能力选择适合的连锁模式。如果企业拥有较强的品牌影响力和供应链管理能力，可以选择整合、兼并或收购等方式扩展市场份额；如果企业缺乏这些能力，则需要选择更加稳健的直营、加盟等模式进行扩张。

此外，还需要考虑连锁模式的盈利模式，思考如何通过控制供应链、主营业务或副营业务等方式实现盈利（见图5-7）。

图5-7　连锁品牌盈利模式

●标准化执行

连锁品牌的标准化执行是连锁经营中的重要一环，其核心是盈利标准化，就是将赚钱的模式转化为一个简单、可复制、易于操作的标准化体系。如肯德基，无论是食材的选取、加工，还是服务的流程，都有一套严格的标准，任何人只要按照标准操作手册进行工作，就能够提供稳定的服务质量，并确保品质的稳定和可复制性。

那么，连锁发展如何标准化执行呢？

一是建立标准。制定出一套全面的标准，包括产品标准、服务标准、卫生标准、管理标准等。这些标准应该详细列出每一步的操作流程和要求，以便所有连锁店都能按照统一的标准执行。

二是输出标准。其实输出就是复制，复制成功方法和经验。具体操作，梳理流程、规范说明、写进工具表单，制定标准化手册，然后培训，以确保所有连锁店相关人员都能了解并执行这些标准。需要注意的是，不要一股脑儿地复制输出，真正需要复制的是核心竞争力、关键岗位、团队、文化，一切复制的目的都是强化竞争优势。

三是执行标准。在执行过程中，要根据建立的有效监督体系，进行定期巡店、抽查，也可通过客户反馈等方式来监督标准的执行情况，并及时解决出现的问题（见表5-5）。

表5-5　连锁企业标准化系统

总部标准化	开店系统（产品与服务、选址、门店 SI）
	门店管理（产品管理、人员管理、环境管理、信息系统）
	客户运营（集客、留客、锁客、转客）
	拓展模式（扩张方式、合作模式、运营机制）
	投融模式（门店投资、经营收益、运营成本、回报周期）
分部标准化	区域经理、分店体系、加盟体系
	执行总部标准

续表

终端标准化 （店面）	人的管理标准化：店长、收银、导购、会员 / 客户服务
	物的管理标准化：商品管理、财务、促销、用户 / 礼品、集客
	环境管理标准化：陈列、卫生、安全

注：以上内容一定要清晰、具体，最好编写进工具表单，只有这样标准化才有意义。至于如何设计工具表单，大家可以参考我的另一本书《系统管控》，里面有很多图表工具可供大家借鉴、借用。

最后，用一句话来概括标准化执行：不仅要将写下来的东西付诸实践，更要将实践中的一切规范化、流程化、工具化。

● 有效招商

招商对品牌连锁发展至关重要，是品牌连锁做大做强的关键。

那么，该如何招商呢？其实，用三句话，便能道出其中的精髓。

第一句："我拥有一套经过市场验证的单店盈利模式。"这证明了你的盈利能力，能为对方带来稳定的收益。

第二句："我构建了一套标准化、可复制的体系。"这不仅意味着你具备赚钱的能力，更说明你构建的模式简单、易操作，即便是初入此行的人也能轻松上手。

第三句："我们拥有一支专业、可靠的运营团队。"这说明你能为加入该连锁的人提供全方位的支持、服务和督导，以确保他们的商业运营顺利，并持续为他们创造价值。

所以，招商便是告诉对方"你能挣钱""挣钱方式简单""能帮他们挣钱"，并让对方实实在在地感知、感受到。

当然，在实际执行中，招商加盟是一个复杂的系统工程，每一个步骤都需要基于对企业整体战略的深入思考，发现自身存在的问题，并采取相对应的策略（见表5-6）。

表 5-6　连锁企业招商存在的问题及相关对策

问题	对策
对招商的理解过于陈旧，策略单一	了解市场，深入剖析市场状况
对潜在加盟商需求缺乏深入了解	分析竞争对手，了解其优劣，从而制定有效的招商策略
招商目标模糊，招商过程不断调整方向	全面了解加盟商的需求和期望
缺少对竞品策略与优势的研判，招商方案缺乏针对性	构建一套保障加盟商长期盈利的管理体系
招商团队的执行力欠缺	设计科学加盟商发展规划，助力加盟商成长
招商传播的渠道过于狭窄	持续优化与加盟商的合作关系，实现共赢
招商信息平台的缺失，支撑乏力	构建一个完善的加盟商关系管理平台，提供全方位的支持和服务

总而言之，连锁是品牌扩张的一种有效方式，连锁经营是商业世界的璀璨明珠，它以其独特的魅力吸引着无数企业竞相追逐。相信通过精心策划、运营，你定能在市场竞争中独领风骚，绽放出更加耀眼的光芒。

战略系统，"七星图"定鼎行业

其实写到这里，本书所涵盖的板块内容已经全部介绍完毕。经过 20 多年的行业打拼，我也越发认知到，做餐饮不仅仅是在经营一家餐馆，更是在经营一家企业；餐饮人不仅仅是在担任厨师或管理者、经营者的角色，更是在担任着企业家的角色。

企业家是什么？是梦想的追逐者，是创新的引领者，是未来的塑造者。当你不满现状，敢于挑战，追求梦想；当你懂得在复杂多变的商业环境中，保持稳定的心态，稳步前行；当你把一个人变成一群人，把一群人变成一类人，共同追求更高的目标……你就是企业家。你的活法、你所做的事业就会被更高的维度来看待。

● 三种活法与三件事

当你的认知升华时，你的眼界、使命、责任也会随之升华，你所关注的不再是单个餐厅或菜品，而是整个餐饮行业的战略布局和运营规划。简而言之，就是承载着三种活法、努力做好三件事。

三种活法：

一是生意价值／做实。专注于实际业务，通过提供优质的产品或服务，实现持续的盈利和增长。

二是资本价值／做大。利用资本的力量，通过并购、投资等方式扩大规模，获取更多的资源和市场份额。

三是文化价值／做久。注重企业文化建设，以独特的企业价值观和文化理念吸引并留住人才，使企业具有长久的生命力。

做好三件事：

一是用实践把现在说清楚。通过有效的执行和操作，将现有的业务和资源充分利用起来，实现企业价值的最大化。

二是用战略把未来说清楚。制订清晰的战略规划，明确未来的发展方向和目标，为企业的长远发展提供指导。

三是用方法把未来到现在的路径说清楚。设计合适的策略和方法，将未来的目标与现在的实践相结合，构建一条从现在到未来的实现路径。

● "七星图" 顶层设计

"七星图"是一种战略规划工具，简单易用、逻辑严密、灵活性高，能够有效地指导你进行战略规划和落地实施（见图5-8）。

一是战略梳理。你要深入分析并整理企业的战略方向，构建具有前瞻性的商业计划书，制作引人入胜的路演片，全面展现企业顶层设计的核心理念。

二是品牌故事。你挖掘并提炼企业家的精神内涵，将其融入品牌故事中，同时通过精准的品牌传播策略，让故事深入人心。

三是文化建设。你不仅要梳理企业的文化核心概念，更要致力于让文化在每个员工心中生根发芽，通过路演设计等方式，让文化真正落地。

四是产品推广。你要提炼产品的独特价值，探索与新媒体的结合点，并制定出适应新营销模式的产品推广策略。让产品价值与科技、专利、艺术和品质这些元素紧密结合，努力在普世价值观中得到体现。

五是餐饮商学院。要提供多元化的培训课程，包括商业产业班、企业系统班以及国际游学班，助力餐饮企业持续成长。

六是研发创造。你要专注于品牌连锁和产业链系统的搭建，进而激发企业的研发创新能力。

七是人文餐饮。你应致力于打造最符合生活方式的餐饮品牌，让消费者在享受美食的同时，感受到人文关怀。

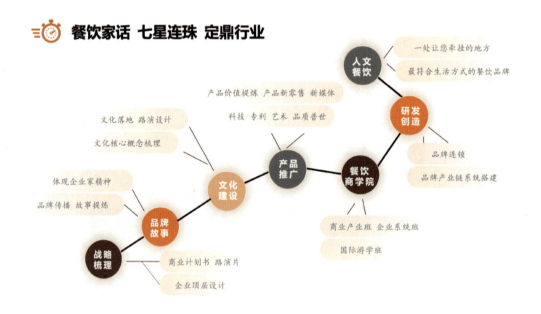

餐饮家话 七星连珠 定鼎行业

图5-8 祖国酒店/庭院人家战略系统"七星图"

当然，你也可以借助这种"七星图"工具，将使命与愿景、核心价值观、战略目标、资源规划、行动计划、沟通与协调等元素以可视化的方式有机地整合在一起。而且，"七星图"的七个部分可以灵活配置，这样，你所设计的战略"七星图"就更能符合自身的发展需求。